Heinrich Mann: Der Untertan

von Charlotte Pastiche

Schülerhilfe
Interpretation und Analyse
Historische Hintergründe
Biographie Heinrich Manns
mit einer Klausur mit Lösung

Bibliografische Information der Deutschen Nationalbibliothek: Die Deutsche Nationalbibliothek verzeichnet diese Publikation in der Deutschen Nationalbibliografie; detaillierte bibliografische Daten sind im Internet über dnb.dnb.de abrufbar.

Herstellung und Verlag: BoD – Books on Demand, Norderstedt

ISBN: 9783756821310

Für Luis Paul

Inhaltsverzeichnis

Anhang   102

Vorwort

Der Untertan konnte erst 1918 erscheinen, obwohl ein Teilabdruck bereits seit 1911 in einer Zeitschrift erfolgte. Der Krieg hatte die Veröffentlichung verhindert.
Der Roman war als Satire auf die Wilhelminische Gesellschaft verfasst worden und in der Handlung begegnen uns zahlreiche Figuren, die für verschiedene Gesellschaftsschichten ihrer Zeit stehen.
Diese Lektüre eignet sich aus vielen Gründen gut für den Unterricht. So lassen sich zum Beispiel die typischen Arbeitstechniken des Deutschunterrichts anwenden, wie die Interpretation, aber auch die Analyse gibt vieles her, gerade im Bereich der Satire. Historisches Wissen ist gefragt und soll auf den Text angewendet werden. Dabei kann es auch um die Frage gehen, ob dies eine realistische Beschreibung der Gesellschaft oder eben Satire ist.

Problematisiert werden kann auch, warum der Text so umstritten ist. Viele haben ihn abgelehnt, viele haben ihn auch für ihre ganz eigenen Ideen vereinnahmt. Man bedenke, dass er Pflichtlektüre in der DDR war. Interessant auch, dass der Text in der historischen Forschung über die Zeit des Wilhelminismus eine Rolle spielt. Nicht zuletzt ist die Lektüre auch unterhaltsam.
Dieser Lektüreschlüssel möchte dem Schüler oder auch dem Lehrer zunächst grundlegende Informationen über den Inhalt des Werkes an die Hand geben.
Die Interpretation der wichtigsten Textstellen soll zur Intention hinführen. Die Textanalyse arbeitet die sprachlichen Besonderheiten des Werkes heraus und stellt sie in Zusammenhang mit der Intention. Die Biographie Heinrich Manns erlaubt einen verbesserten Zugang zur Lektüre.
Der historische Teil kommt nicht zu kurz, denn um die Zeit des Wilhelminismus und die politischen Besonderheiten des Deutschen Reiches zu verstehen, bedarf es des Hintergrundwissens. Die Rezeptionsgeschichte soll auch beleuchtet werden.

Der Lektüreschlüssel bezieht sich auf folgende Textausgabe:

Heinrich Mann: Der Untertan. Roman. Frankfurt am Main 2006. (Fischer Taschenbuch Verlag)

Inhaltsangabe

Kapitel I

Diederich Heßling ist ein weiches Kind. Er ist ängstlich und verlässt ungern den elterlichen Garten. Die Familie besitzt eine Papierfabrik. Er fürchtet sich vor dem Vater, trotzdem liebt er ihn. Den Arbeitern gegenüber verhält er sich wie ein Pascha. Die Mutter ist weich, aber Diederich achtet sie nicht, denn sie hat so viel Ähnlichkeit mit ihm. Die Mutter vermittelt ihm viele Märchen.

In der Schule zeigt er sich gegenüber den strengen Lehrern gehorsam. Den Gutmütigen spielt er Streiche. Diederich beglückt die Zugehörigkeit zu einer Macht, wie sie das Gymnasium darstellt. So umwindet er den Rohrstock sogar mit einem Kranz.

Eine prägende Gestalt seiner Kindheit ist der alte Buck, der ein angesehener Mann in der Stadt ist und einen Zylinder trägt.

In der Untertertia unterdrückt er einen jüdischen Mitschüler und fühlt sich, von der Menge angefeuert, stark. Die geteilte Verantwortung ermutigt ihn. Diederich wird zum Primus und zum geheimen Aufseher, der den Lehrern die Missetaten der anderen mitteilt.

Diederich genügt überall, aber der deutsche Aufsatz bleibt ihm fremd und wer darin gut ist, der flößt im Misstrauen ein. Sein Vater schickt ihn zum Studieren nach Berlin.

Diederich ist von Heimweh geplagt und er weint viel. In Berlin besucht er Herrn Göppel, der auch aus Netzig stammt und lernt dort dessen Tochter, Agnes, kennen. Herr Göppel bewundert den alten Buck, der 1848 zum Tode verurteilt worden sei und zeigt sich als Gegner der neuen Zeit, die durch den Kaiser geprägt ist. Er bekennt sich als freisinniger Gegner Bismarcks. Diederich stimmt ihm zu.

Da erscheint Agnes Göppel, die schön und elegant ist. Zugleich lernt er Mahlmann, einen kräftigen Studenten, kennen. Herr Göppel lädt Diederich für nächsten Sonntag zum Mittagessen ein und er geht hin.

Agnes zeigt Interesse an Diederich und Mahlmann versucht dies zu verhindern.

Diederich besorgt eine Konzertkarte für Agnes. Mahlmann taucht bei ihm auf und nötigt ihn zu einer Kneipentour, wobei er Diederichs Geld verprasst.

Diederich schenkt, nachdem seine Eltern ihm wieder Geld geschickt haben, Agnes einen Blumenstrauß.

Die Familie besucht mit Diederich und Mahlmann einen Tierpark und Diederich und Agnes kommen sich näher. Mahlmann droht ihm, weil Agnes für dieses Semester ihm gehöre und Diederich erschrickt. Er entflieht, aber zuhause weint er.

Er reist nach Netzig ab, wo er sich ganz seinen traurigen Gefühlen hingibt. Er versucht sogar zu dichten.

Zusammen mit Gottlieb Hornung, der auch aus Netzig stammt, besucht er eine Studentenverbindung, es ist die Neuteutonia. Diederich wird zum Konkneipant und er fühlt sich dazu berufen. Ihm gefällt es, dass alles kommandiert wird und er muss nur trinken. Auch das gemeinsame Singen erfreut ihn. Er geht auf in der Korporation, die für ihn denkt und will.

Diederich erkennt die Vorzüge des Biertrinkens.

Nun soll Diederich vollwertiges Mitglied werden und muss fechten. Sein enger Freund in der Neuteutonia wird Wiebel. Diederich wird sein Leibfuchs.

Nun ist sein Leben durch Ordnung und Pflicht der Verbindung geprägt. Zu bestimmten Zeiten erscheint er bei Wiebel oder im Fechtsaal. Nachmittags beginnt die Kneipe. Der Konkneipant Delitsch stirbt und Diedrich und die Neuteutonen fühlen sich wie Krieger, die den Kameraden zu Grabe tragen.

Diederich zeigt gegenüber den Füchsen Strenge und er erfreut sich an seiner Uniform.

Auf einer Tanzveranstaltung gerät er in Streit und verfolgt zusammen mit Hornung seinen Gegner, der sich aber als Offizier und Adliger herausstellt. Diederich wendet sich zum Rückzug.

Da er, bedingt durch das Verbindungsleben, kein Geld mehr hat, wendet er sich an Mahlmann. Aber als Einzelner, ohne die Korporation, fühlt er sich Mahlmann unterlegen, der ihn auslacht. Diederich hat einmal für ihn gebürgt, aber Mahlmann will dies umgekehrt keineswegs und als Diederich ihn als Schwindler bezeichnet, wird er handgreiflich gegen

Diederich und befördert diesen zur Tür. Er ist gekränkt, hat aber doch Hochachtung vor soviel Infamie.

Dann stirbt der alte Heßling und Diederich weint. Er macht Kondolenzbesuche in Netzig und kommt zum Hause des alten Buck. Diederich begegnet ihm ehrfürchtig.

Er ist nun mit dem alten Buchhalter Sötbier Vormund seiner beiden Schwestern.

Zurück in Berlin beginnt er seine Zeit beim Militär abzudienen. Aber gleich zu Beginn versucht er, den Arzt Dr. Heuteufel dazu zu bewegen, ihm zu bescheinigen, dass er zu krank fürs Militär sei, was dieser jedoch ablehnt. Die Militärübungen sind anstrengend und Diederich merkt, dass es darum geht, die Würde des einzelnen herabzusetzen. Dies imponiert ihm und flößt ihm eine Begeisterung ein. Doch Diederichs Fuß schmerzt und er hofft heimlich, dass es schlimmer wird. Er besucht den alten Herrn eines Korpsbruders, der Geheimer Sanitätsrat ist. Er kennt den Oberstabsarzt und der wiederum verhilft Diederich zu seinem Abschied aus der Armee. Vor den Neuteutonen behauptet er, er wäre gerne dabei geblieben.

Ein Assessor von Barnim tritt auf und er versucht den Neuteutonen seinen Antisemitismus zu vermitteln.

Es ist der Februar 1892 und in Berlin kommt es zu Straßenkrawallen. Wiebel und Diederich sähen es gerne, wenn mit den Arbeitslosen auf der Straße kurzer Prozess gemacht werden würde. Diese rufen vor dem Berliner Stadtschloss nach Brot und Arbeit. Mitten im Tumult erscheint Kaiser Wilhelm II. unter seinen Untertanen. Als ein junger Mann mit Künstlerhut Kritik am Auftreten des Kaisers äußert, schlägt Diederich auf ihn ein. Ein alter Herr mit Eisernem Kreuz beglückwünscht ihn dazu. Diederich gelangt bis vor das Brandenburger Tor und jubelt dem Kaiser frenetisch zu. Mit anderen durchbricht er die Kette der Schutzmänner und im Tiergarten begegnet er alleine seinem Kaiser. Er fällt in einen Tümpel und der Kaiser muss laut lachen.

Wilhelm II.
i

Kapitel II

Zufällig begegnet er Agnes Göppel, die auf einer Bank sitzt. Sie fragt ihn, warum er sich drei Jahre nicht gemeldet habe und er sucht Ausflüchte. Er macht ihr Komplimente und sie sagt, dass sie Mahlmanns Armband nie getragen hätte. Da kein Bus mehr fährt, geht sie mit in Diederichs

Wohnung, wobei sie fragt, ob sie ihm vertrauen kann. Beide kommen sich näher und sie landen im Bett. Agnes sitzt auf dem Diwan und weint. Da Agnes versichert, ihn zu lieben, sinkt sie in Diederichs Wert. Agnes sagt, dass sie seine Frau werden wolle. Zuhause, allein, spürt Diederich sein Glück und er denkt auch plötzlich anders über seine Ressentiments. Er bereut, dass er den Künstler geschlagen hat.

Sonntags erscheint Diederich bei Familie Göppel zum Essen. Dort gerät er mit Herrn Göppel über politische Fragen in Konflikt. Agnes vermittelt. Sie verabredet sich wieder mit Diederich. An der Tür küsst sie ihn.

Sie kommt nun regelmäßig in seine Wohnung und sie sind sehr glücklich. Sie bummeln zusammen und sprechen von Reisen, die sie machen wollen. Diederich ist ein ganz anderer Mensch. Besorgt bemerkt er die zunehmende Krankheit von Agnes.

Aber bald ändert sich sein Verhalten. Er betont, dass seine Karriere vorgeht.

Dann erscheint Wolfgang Buck an seiner Wohnung. Er bittet ihn hinein, wobei Agnes sich verstecken muss. Buck zeigt sich als Freund der Arbeiter und ist Diederich sofort unsympathisch.

Buck ist der Auffassung, dass die Zeit für große Männer vorbei ist und meint damit den Kaiser. Diederich erinnert sich, dass ihm schon in der Schule die geistreichen Aufsätze von Buck Misstrauen eingeflößt haben. Agnes erleidet in seiner Wohnung einen Anfall, aber Diederich erscheint dies später als Komödie. Er beendet seine Doktorarbeit und da Herr Göppel auf Reisen ist, unternimmt er mit Agnes einen Ausflug aufs Land, der sehr schön ist. Aber er lässt Agnes sitzen. Ihren Vater, der ihn aufsucht, weist er ab.

Kapitel III

Diederich kehrt nach seinem Studium nach Netzig zurück. Im Zug trifft er Guste Daimchen, die er noch aus seiner Jugend kennt. Sie imponiert ihm mit ihrer frechen Art. Sie ist mit Wolfgang Buck verlobt.

Zuhause im Betrieb hält er eine Rede an seine Arbeiter, die voller Drohungen und Kaiserzitate ist. Er hat auch große Pläne für die Fabrik. Diederich äußert große Vorbehalte gegen die Freisinnigen

(Linksliberale) in der Stadt, zu denen auch die Familie Buck gehört, die sehr angesehen ist.

Gegenüber Sötbier, dem Verwalter der Fabrik, tritt Diederich als Macher auf. Kurz darauf gerät er mit dem Maschinenmeister, Napoleon Fischer, aneinander, der sich aber nicht einschüchtern lässt. Entlassen aber kann er ihn nicht.

Diederich besucht die Honoratioren der Stadt. Zunächst führt ihn sein Weg zum alten Buck. Dieser war bei der Revolution von 1848 dabei und kritisiert die Machtverhältnisse im jetzigen Kaiserreich. Dabei empfängt er Diederich freundlich. Später besucht er den Bürgermeister Scheffelweis, wobei auch Jadassohn, der Assessor, zugegen ist. Hier zeigt sich Diederich als äußerst kaisertreu. Sie beschließen, gegen die Liberalen in der Stadt vorzugehen.

Vor dem Amtsgebäude von Regierungspräsident von Wulckow wird ein Arbeiter erschossen, weil er angeblich einen Posten provoziert hat. Diederich und andere Nationale verteidigen die Tat, während die Freisinnigen empört sind. Im Ratskeller kommt es dabei zu einer angeblichen Majestätsbeleidigung durch den Unternehmer Lauer. Jadassohn plant darauf ein Gerichtsverfahren und Diederich soll aussagen. Diederich lässt ein gefälschtes Dankesschreiben des Kaisers an den Schützen in der Zeitung veröffentlichen.

Kapitel IV

Diederich sagt vor Gericht gegen Lauer aus, dessen Rechtsanwalt Wolfgang Buck ist. Eine neue Papiermaschine, die bereits bestellt ist, kann Diederich nicht bezahlen. Er verbandelt jedoch den Prokuristen der Firma, Kienast, mit seiner Schwester. Daraufhin nimmt dieser das Gerät zurück.

Diederich trifft Wolfgang Buck und die Gegensätze der beiden werden deutlich. Zunächst läuft der Prozess gut für Lauer. Aber Wolfgang Buck lässt sich von seiner eigenen Rede berauschen und die Wirkung verblasst. Lauer wird zu einer Gefängnisstrafe verurteilt. Seine Frau reist ins Ausland.

Kapitel V

Diederich zeigt Guste seine Fabrik, wobei er ihr auf den Lumpensäcken näher kommen will, was Guste ablehnt.

Emmi und Magda bekommen Rollen in dem Stück „Die heimliche Gräfin", das von Frau von Wulckow geschrieben wurde. Es kommt zu politischen Tauschgeschäften zwischen Regierungspräsident von Wulckow und Diederich.

Diederich verbreitet das Gerücht, dass Guste die uneheliche Tochter des alten Buck und damit ihr Verlobter ihr Halbbruder sei. Aber Wolfgang Buck will ohnehin die Verlobung mit Guste lösen. Er überlässt seine Verlobte Diederich.

Mit dem Erbe des Papierfabrikanten Klüsing will Diederich nicht wie vorgesehen ein Kinderheim, sonder ein Kaiser-Wilhelm-Denkmal errichten. Dazu trifft er Absprachen mit Napoleon Fischer. Von Wulckow will als Grundstücksspekulant auch heimlich profitieren.

Diederich erhält einen Orden von höchster Stelle.

Kapitel VI

Diederich und Guste befinden sich auf der Hochzeitsreise in Zürich. Da erfährt Diederich, dass der Kaiser auf dem Weg nach Rom sei. Er beschließt, ebenfalls dorthin zu reisen. Tatsächlich gelingt es ihm, den Kaiser in seinem Wagen in Rom zu treffen, wobei Diederich schreiend und mit dem Hut schwenkend neben dem Wagen läuft.

Am nächsten Tag steht er früh auf, um den Kaiser bei seiner Ausfahrt sehen zu können. Der Portier des Palastes hilft ihm und schon ist Diederich in einem Einspänner hinter dem Kaiser her. Er hält Wache vor dem Haus, wo nun der Kaiser verweilt und folgt ihm zurück zum Palast. Weiter geht es nun und Diederich erleidet Hunger und Durst. Sein Kutscher bringt ihm deshalb Wein und dieser feuert Diederich zusätzlich an. Immer dort, wo der Kaiser sich befindet, erscheint auch Diederich und dafür rast er durch enge Gassen und läuft über Treppen. Diederich ruft sein Hurra und der Kaiser scheint seinen Untertan zu erkennen. Diederich fühlt sich großartig und die Leute belächeln ihn wohlwollend. Erst als der Kaiser frühstückt, erinnert er sich wieder an Guste, die bemerkt, dass er rot wie eine Tomate ist. Diederich betont, dass dies ein großer Tag für die nationale Sache sei.

Da Diederich weiß, dass der Kaiser nach dem Essen zu ruhen pflegt, hält er unter seinem Fenster Wache. Er stürzt sich auf eine Person, die sich verdächtig verhält und nimmt diese fest. Die Wachen laufen herbei. Der Mann scheint eine Bombe zu werfen, aber es ist nur Zahnpulver. Der scheinbare Attentäter ist Künstler und Diederich empfiehlt prompt seine Verhaftung, was auch erfolgt.

Nun heißt es wieder, dem Kaiser durch die Stadt zu folgen. Der Kaiser besucht die deutsche Botschaft und sein Untertan nimmt die Gelegenheit wahr, ein Wirtshaus zu besuchen. Vor dem Wirtshaus hält er eine Ansprache an das Volk, wobei er die Vorzüge eines Kaisers herausstellt, der kein Schattenkaiser sei. Die Einheimischen trinken mit dem Untertan fortwährend Wein und zeigen ihm eine Zeitung, die von dem Vorfall mit dem Künstler berichtet und Diederich und den Kaiser gemeinsam abbildet. Das ist zu viel. Der Wein und die Begeisterung lassen Diederich zunehmend die Kontrolle verlieren. Städtische Wächter finden ihn an eine Mauer gelehnt und in seinem eigenen Urin.

Am nächsten Abend reist der Kaiser ab, denn er hat den Reichstag aufgelöst und sein Untertan eilt ihm nach.

In Netzig trifft man auf Gottlieb Hornung, der sich zu fein fühlt, Zahnbürsten zu verkaufen, obwohl er in der Adlerapotheke arbeitet. Diederich erkennt in ihm einen wertvollen Bundesgenossen. Er plant einen nationalen Kandidaten für den Reichstag aufzustellen. Auch um Stimmen zu gewinnen, plant er den Bau des Kaiser-Wilhelm-Denkmals aus dem Erbe Kühlemanns, wobei das freisinnige Säuglingsheim nicht gebaut werden soll. Major Kunze, der als Kandidat aufgestellt werden soll, hat jedoch Bedenken, ob er im liberalen Netzig etwas erreichen kann. Diederich jedoch gelingt es, ihn zu überreden. Er verspricht ihm sogar einen Orden. Pastor Zillich lässt sich gegen das Versprechen von finanzieller Unterstützung seiner Kirche dazu verpflichten, dem nationalen Wahlkomitee vorzustehen. Diederich bedingt sich aber aus,

Jadassohn fernzuhalten. Kühnchen will Rektor werden und Diederich bewilligt es ihm.

Diederich ist so begeistert im Wahlkampf, dass er sogar seine ehelichen Pflichten vernachlässigt.

Er schreibt für die „Netziger Zeitung" einen Appell gegen das Säuglingsheim und begründet ihn damit, dass sich eine solche Einrichtung , nur an die unehelichen Kinder richte.

Bei Klapsch soll Major Kunze eine patriotische Rede halten, was gründlich misslingt und den Spott der Freisinnigen herausfordert. Hornung dagegen, der von Diederich bezahlt wird, hält eine scharfe Rede. Diederich benutzt beide nur als Hilfstruppe für Napoleon Fischer. Heuteufel meldet sich zu Wort und wirbt für das Säuglingsheim.

Diederich tritt dem energisch entgegen und ist erst einmal drei Tage lang heißer. Unterdessen zeigt Emmi ein trauriges Verhalten. In der Familie wird spekuliert, dass sie mit dem Leutnant von Brietzen eine Beziehung anbahnt.

Napoleon Fischer warnt Diederich, dass die „Partei des Kaisers" zu forsch auftrete. Diederich solle nun das versprochene Gewerkschaftshaus von den Stadtverordneten verlangen.

Laut Fischer hat der alte Buck erkannt, dass Diederich nur solchen nationalen Rummel veranstaltet, weil er so billiger an Gausenfeld kommen will. Das erzürnt Diederich sehr. Überhaupt sieht er nun den alten Buck als Erzfeind, zumal er in seiner Partei an Rückhalt verliert. Der Gedanke an den alten Buck lässt ihn nicht los und er hält ihn für heuchlerisch. Dessen Güte hält er für Hohn.

Emmi leidet, weil der Leutnant von Brietzen sich versetzen ließ und Guste triumphiert. Diederich bangt um seine Schwester und klopft in Panik an ihre Zimmertür. Er findet einen kleinen Schwamm mit Chloroform. Ihre Verzweiflung beeindruckt Diederich und er möchte Emmi helfen. Er weiß darum, dass sie eine voreheliche Beziehung hatte. Emmi lässt sich versichern, dass ihr Bruder den Leutnant nicht fordern wird. Er erinnert sich an Göppel.

Am nächsten Morgen sucht er von Brietzen auf. Der sagt, dass man ein Mädchen, das seine Ehre nicht mehr habe, nicht zur Mutter seiner Kinder mache und Diederich antwortet wie damals Herr Göppel. Von

Brietzen will Diederich von seinem Burschen verprügeln lassen und Diederich zieht ab.

Er wendet sich tröstend zu Emmi und sie legt den Kopf an seine Schulter. Emmi steht nun unter seinem Schutz. Der Leutnant und die Macht verlieren dagegen für ihn an Bedeutung. Er denkt an Agnes, die die Weichheit in ihm geweckt hatte. Er erkundigt sich nach ihr und erfährt, dass sie verheiratet ist.

Der Wahltag naht. Napoleon Fischer ist erzürnt, weil Diederich mit dem Freisinn paktiert und das Denkmal schon bewilligt ist. Er droht mit Streik, falls er nicht in den Reichstag kommt.

Diederich bemerkt, dass sich die „Partei des Kaisers" dem Freisinn angeglichen hat. Kunze will nun für das Säuglingsheim eintreten, falls er vom Freisinn mitgewählt wird. Es kommt aber zur Stichwahl zwischen Heuteufel vom Freisinn und Fischer.

Klüsing will Gausenfeld an Diederich verkaufen.

Am nächsten Abend ruft das freisinnige Wahlkomitee zu einer öffentlichen Volksversammlung ein und Major Kunze wird hart angegangen. Diederich erwähnt betrügerische Manipulationen des Freisinns. Er gerät mit seinem alten Prokuristen Sötbier aneinander.

Der alte Buck appelliert in einer Rede an den Zusammenhalt des Volkes gegen die Herren. Auch die Arbeiter sollten ihr Recht bekommen.

Diederich hält darauf eine wütende Rede und spricht sich für die Heeresvorlage aus, um für einen Krieg gerüstet zu sein. Plötzlich gehen die Genossen von Napoleon Fischer auf ihn los und packen ihn, doch er wird von Buck gerettet. Doch als Diederich Buck mit demokratischer Korruption in Verbindung bringt, da fordert Buck ihn voller Zorn auf zu sprechen. Er bezeichnet ihn als Verräter an der Nation. Er solle sagen, an wen und zu welchem Zwecke er sein Haus verkauft habe. Der Saal ruft den Namen Wulckow.

Diederich behauptet, dass er sein Haus für das freisinnige Säuglingsheim verkaufen hätte sollen, damit ein gewissenloser Magistratsrat sich bereichern kann. Bei ihm sei dies nicht geglückt, aber bei Gausenfeld. Anschließend fallen die Gegner im Saal übereinander her. Der alte Buck weint. Diederich schwingt zum Beweis ein Papier, das aber keiner lesen kann, weil er immer wieder mit dem Handrücken darauf schlägt.

Angeblich stecke Buck hinter dem Ganzen. Da stirbt der alte Kühlemann und die Versammlung geht auseinander.

Am Abend vor der Wahl hält die „Partei des Kaisers" eine Versammlung ab und Diederich ruft die Anwesenden auf, nicht den Freisinn zu wählen. Man solle das kleinere Übel wählen.

Der Kriegerverein schreitet am Wahltag in Uniform zum Wahllokal und Diederich schreitet mit. Auch Bürgermeister Scheffelweis stellt sich auf Diederichs Seite.

Fischer bekommt über 5000 Stimmen und zieht in den Reichstag. Die Hochburg des Freisinns ist gefallen.

Kühlemann hat der Stadt 600 000 Mark für gemeinnützige Zwecke vermacht. Dass die Sozialdemokraten sich nun für das Kaiser-Wilhelm-Denkmal einsetzen, wird so hingenommen. Ehrenvorsitzender des Denkmal-Komitees wird Wulckow, während Diederich den eigentlichen Vorsitz übernimmt. Buck nimmt an den Abstimmungen im Magistrat gar nicht mehr teil.

Der Alte muss sich sogar von Diederich Geld leihen, denn es steht schlecht um seine Finanzen.

Diederich trifft auf Jadassohn. Sie unterhalten sich ein wenig abschätzig über Käthchen Zillich, die nun in Berlin zu finden sei. Jadassohn will sich in Paris die Ohren anlegen lassen.

Am Bahnhof sieht er Lauer, der nun entlassen ist.

Diederich aber geht als geachteter Bürger durch die Stadt. Er erntet nun die Früchte seiner Bemühungen.

Die Aktien von Gausenfeld fallen und der alte Buck ist dort beteiligt. Ebenso auch Diederich.

Buck muss vor Gericht, da behauptet wurde, er hätte sich für das Grundstück von Klüsing interessiert, um es teurer für das Säuglingsheim zu verkaufen.

Diederich will ihn nun entlasten, aber der Alte lehnt dies ab.

Diederich wird Generaldirektor von Gausenfeld.

Der alte Buck hat stark bei der Bevölkerung verloren und man wirft ihm seine Gegnerschaft zur Regierung vor, die auch die Geschäfte geschädigt hätte. Der Alte legt nach einigem Druck sein Amt als Stadtrat nieder. Auch den Vorstand seiner Partei muss er verlassen. Die Bürger bringen

ihm keine Achtung mehr entgegen. Aber es gibt eine neue, junge Generation, die ihn grüßt und der Alte hat wieder Hoffnung.
Unterdessen floriert Gausenfeld, woran der Untertan die Mehrheit der Aktien an sich gebracht hat und wird mit der Fabrik Heßling vereinigt. Er verspricht seinen Arbeitern Wohnungen und Krankenversicherung, verbietet ihnen aber die Sozialdemokratie zu wählen. Diederich lässt Toilettenpapier mit staatserhaltenden Maximen drucken.
Überall wittert Diederich den Umsturz.
Kienast verlangt eine höhere Beteiligung von Diederich und es kommt zum Prozess, der drei Jahre dauert und mit Verbitterung geführt wird. Sötbier unterstützt Kienast. Kienast versucht auch mit Napoleon Fischer Diederichs Vergangenheit aufzuhellen und dieser behilft sich mit großzügigen Spenden an die sozialdemokratische Parteikasse.
Überall in Netzig tauchen nun Briefe mit obszönen Abbildungen auf. Diederich und Guste und die anderen Familien sind in Panik. Gottlieb Hornung wird von Diederich angezeigt und in ein Sanatorium eingewiesen. Aber er war es wohl nicht allein.
Diederich und Guste bekommen drei Kinder.
Er imitiert immer stärker die Reden des Kaisers. Mit Guste lebt er seine masochistische Ader aus. Während Guste ihn malträtiert, versteckt er sich hinter dem bronzenen Kaiser.
Doch schon am nächsten Morgen gibt er sich wieder streng und lässt sich das Haushaltsbuch von Guste vorlegen. Damit setzt Diederich ihrem eventuellen Machtdünkel ein Ende.
Jeden zweiten oder auch dritten Tag besucht Diederich den Stammtisch. Diederich ist der Auffassung, dass das Deutschland der Dichter und Denker seine Vorzüge gehabt habe, aber nun sei die Zeit der Technik. Der Stammtisch begeistert sich für den Aufbau einer deutschen Flotte. Man verhandelt die Beschießung von London und Paris. Nur Major Kunze zeigt sich als Nörgler, seit er gegen Fischer verloren hat.
Diederich geht einmal in der Woche heimlich in die Brietzener Villa, wo Käthchen nun als Prostituierte residiert. Pastor Zillich leidet unter der Situation und soll Käthchen sogar gezüchtigt haben. Auch Jadassohn besucht die Villa.
Beide bemühen sich zusammen, Majestätsbeleidigungen zu verfolgen.

Trotz aller Gegensätze sucht Diederich immer wieder die Nähe von Wolfgang Buck, der wieder als Rechtsanwalt arbeitet und die Schauspielerei aufgegeben hat. Dem alten Buck geht es immer schlechter. Wolfgang freundet sich mit Emmi an, was Diederich stolz macht.

Diederich besucht abends den Bauplatz des Kaiser-Wilhelm-Denkmals, mit dem von Quitzin ein schönes Geschäft gemacht hat und belauscht dort Wolfgang und den alten Buck. Der Alte ist resigniert, aber trotzdem will er den neuen Kräften nicht das Feld überlassen. Wolfgang erwähnt die Sozialgesetzgebung als Beschwichtigung des Volkes. Dem Alten aber bleibt die Hoffnung und er prophezeit für die Herrschenden eine Katastrophe.

Wulckow soll nicht die Rede zur Enthüllung des Denkmals halten, dies übernimmt nun Generaldirektor Dr. Heßling. Darauf versucht Wulckow Guste von der Tribüne fernzuhalten, muss aber nachgeben. Da Wulckows Einfluss zu sinken scheint, lässt Diederich ihn durch Fischer wegen des Grundstücksgeschäfts angreifen, besinnt sich dann aber wieder. Gegen die Macht ist nicht anzukommen und das gefällt Diederich dann doch.

Am Tag der Denkmalsenthüllung bekommen Diederich und Guste keinen Platz im Festzelt. Auf Gustes Stuhl auf der Tribüne sitzt jedoch Käthchen Zillich wie eine Königin. Es kommt zu einem Wortwechsel zwischen Käthchen und Guste, die jedoch weichen muss. Die Musik schmettert los und beendet den Streit. Dann treten eindrucksvoll die Militärs auf.

Diederich darf seine Rede halten. Er schwärmt vom alten Kaiser und vom Meer und redet von germanischer Herrenkultur. Ein Blitz schlägt ein und es fängt an zu regnen. Diederich wettert gegen die Demokratie. Beim nächsten Donner geht Diederich hinter dem Pult in Deckung. Das Denkmal wird enthüllt. Gerade soll Heßling dem Oberpräsidenten vorgestellt werden, da beginnt ein Sturzregen. Alles flüchtet und Diederich bekommt in dem Durcheinander seinen Orden von einem Schutzmann ausgehändigt. Die Regimentsmusik spielt trotz des Sturmes weiter, aber ein neues Aufbrausen des Orkans treibt auch sie auseinander. Das Kaiser-Wilhelm-Denkmal aber ist nicht beschädigt. Diederich geht pudelnass in die Stadt.

Vor dem Haus des alten Buck stehen mehrere Fuhrwerke und Diederich schleicht sich neugierig in das Haus. Der alte Buck liegt auf dem Bett, davor im Halbkreis die Familie. Diederich denkt darüber nach, wie sehr diese Familie an Ansehen und Macht eingebüßt hat.

Diederich stellt sich entschlossen in die Tür. Der Alte erschrickt und dann stirbt er. Diederich entweicht.

ii

Die Personen

Diederich Heßling

Diederich zeigt sich in seiner Jugend als furchtsames Kind. Er wird geprägt durch den strengen Vater, aber auch durch die gemütvolle Mutter.[1] In der Schule passt er sich an und bewundert die Macht der Lehrer, denen er die Streiche seiner Mitschüler hinterbringt. Schon früh zeigt sich ein besonderes Verhältnis zur Macht.
Diederich nutzt es gnadenlos aus, wenn er seinen Gegnern, z.B. den Bucks, schaden kann:

Napoleon Fischer sah verständnislos aus, was Diederich nicht beachtete. , Ich finde es wohl auch nicht eben schön', fuhr er fort, ,wenn jemand seinen Sohn ausgerechnet das Mädchen heiraten läßt, mit dessen Mutter er selbst was gehabt hat, und zwar vor der Geburt der Tochter...Aber-[2]

Diederich nutzt immer geschickt seinen Vorteil aus und schreckt selbst nicht davor zurück, den Unternehmer Lauer wegen Majestätsbeleidigung ins Gefängnis zu bringen. Er ist nicht aufrecht und lügt und trickst.
Es erstaunt, dass Diederich auch eine andere Seite hat. Diese kommt zum Beispiel beim Umgang mit Agnes zum Vorschein. Allerdings ärgert er sich später selbst über seine romantischen Gefühle. Auch bei einem Theaterstück zeigt sich seine weiche Seite: *Der Leutnant hätte die heimliche Gräfin auch ohne Geld heiraten sollen, es würde Diederich tief befriedigt haben in seinem weichen und idyllischen Herzen. Aber ach! diese harte Zeit dachte anders.*[3]
Überhaupt denkt Diederich, in einer harten Zeit zu leben, in der man gerissen und gnadenlos sein muss.[4]
Er hat gehörigen Respekt vor der Macht des Adels und bewundert diesen. Trotzdem denkt er in manchen Momenten daran, eben diesen

---

1   Vgl. Der Untertan, S. 11.
2   Ebd., S. 267.
3   Ebd., S. 296.
4   Vgl. ebd. S. 406 und S. 425.

Adel mit seinen althergebrachten Privilegien zu stürzen, denn Diederich eifert wie viele nur äußerlich dem Junkertum nach. Er ist im Grunde als Fabrikbesitzer ein Mann der neuen Zeit, der Zeit der Gründerjahre. Andere politische Meinungen duldet er nicht. Die Sozialdemokratie ist ihm verhasst, ebenso jede Kritik am Kaiser. Aber Diederich ist erstaunlich wendig, wenn es um den eigenen Vorteil geht. So arbeitet er auch mit dem Sozialdemokraten Fischer zusammen, um sein Denkmal zu bekommen.

Auffallend ist, wie sehr Diederich den Kaiser verehrt. Er verkörpert für ihn die Macht. Er ahmt den Kaiser in Barttracht und in Reden nach.

Der alte Buck

Diederichs Gegenspieler ist der alte Buck. Er ist eine in Netzig sehr geachtete Persönlichkeit, die viel für die Stadt getan hat. Buck ist Mitglied des Freisinns, also der linksliberalen Partei. 1848, während der Revolution[5], wurde er zum Tode verurteilt, kam aber davon. Er misstraut dem neuen Nationalstaat, der durch die adeligen Eliten erschaffen wurde.

Buck zeichnet sich durch sein Eintreten für das Gemeinwohl und durch seine Milde seinen Gegnern gegenüber aus. Sein Schwager Lauer wird durch Diederich ins Gefängnis gebracht und doch verzeiht ihm Buck.

---

5   Die Märzrevolution 1848 richtete sich gegen die
    Restaurationsbemühungen (Wiederherstellung) der Herrscherhäuser.
    Sie trat ein für Parlamentarismus und Nationalstaat und war bürgerlich
    geprägt. Ein Erfolg war die erste deutsche Nationalversammlung, also
    ein Parlament, in der Frankfurter Paulskirche. Man erreichte die
    Aufhebung der Pressezensur und die Bauernbefreiung. Bis Juli 1849
    wurde das Parlament mit Hilfe von preußischen und österreichischen
    Truppen aufgelöst. Die Errichtung eines Nationalstaates erfolgte dann
    1871 durch die Herrscherhäuser, angeleitet von Bismarck.

Netzig gilt als Hochburg des Freisinns und so ist der Alte für Diederich ein Gegner.
Buck dagegen empfängt ihn in der Stadt freundlich und ermuntert ihn, in den Stadtrat zu kommen.[6]

Wolfgang Buck

Er ist der Gegenspieler Diederichs. Wolfgang ist liberal wie sein Vater. Er hat Jura studiert und als Anwalt gearbeitet, aber dann zieht es ihn zur Schauspielerei. Er ist zunächst mit Guste verlobt, zeigt aber wenig Interesse an ihr. Er ist melancholisch und neigt dem Alkohol zu.[7] Über seine Abstammung gibt es in Netzig das Gerücht, dass seine Eltern Verwandte wären.

Agnes Göppel

Sie lebt in Berlin. Agnes ist kränklich und zart. Sie liebt Diederich, aber die Liebe endet unglücklich. Diederich verachtet ihre Weichheit. Er lässt sie fallen. Agnes wird von dem groben Studenten Mahlmann umworben, aber sie bevorzugt Diederich. Nachdem dieser sie nach einer Beziehung ohne Heirat verlässt, heiratet sie.

Guste Daimchen

Guste ist zunächst die Verlobte von Wolfgang Buck, heiratet aber dann Diederich. Sie wird als kräftig und recht hübsch beschrieben. Von einem Verwandten, den sie gepflegt hat, hat sie Geld geerbt und ist somit eine gute Partie. Sie hat 3 Kinder mit Diederich.

Vater Heßling

Er ist Unternehmer und besitzt eine Papierfabrik in Netzig, wo er ein strenges Regiment führt. Er ist Unteroffizier und hat an einigen Kriegen teilgenommen. Er stirbt, als Diederich noch Student ist.

---

6 Vgl. Der Untertan, S. 46.
7 Vgl. ebd., S. 316.

Diederichs Mutter

Sie ist im Gegensatz zum Vater gefühlvoll und weich. Sie unterwirft sich ihrem Ehemann und traut sich zum Beispiel nicht, sich satt zu essen und schleicht lieber nach dem Essen an den Schrank.[8]

Napoleon Fischer

Er ist Diederichs Maschinenmeister. Der Sozialdemokrat kollaboriert mit Diederich, um ein Reichstagsmandat zu erhalten. Er beherrscht das politische Ränkespiel.

Jadassohn

Jadassohn ist ein karriereorientierter Jurist, Assessor der Staatsanwaltschaft. Er fördert einen Prozess gegen den Fabrikbesitzer Lauer, um die Freisinnigen in Netzig zu schwächen. Jadassohn gibt sich, vielleicht wegen seiner jüdischen Abstammung, betont national. Wie Diederich unterhält er ein Verhältnis mit Käthchen Zillich. Er lässt sich seine abstehenden Ohren in Paris operieren.

Käthchen Zillich

Sie ist eine Pastorentochter. Es wird deutlich, dass in ihr eine unbekannte Seite schlummert. Zunächst ist sie mit Magda und Emmi befreundet. Sie verlässt alle Moralvorstellungen und geht nach Berlin, wo sie Prostituierte wird. Die sogenannte bessere Gesellschaft von Netzig gibt sich bei ihr ein Stelldichein, nachdem sie aus Berlin zurückgekehrt ist und in einer Villa vor der Stadt residiert.

Lauer

Der Fabrikant Lauer ist der Schwiegersohn des alten Buck. Er handelt als Unternehmer mit sozialer Verantwortung, was von Diederich kritisch

---

8 Vgl. ebd., S. 11.

gesehen wird. Er gehört zum liberalen Freisinn. Nach der Erschießung eines Arbeiters durch einen Wachtposten äußert er sich im Ratskeller kritisch gegenüber dem Königshaus, was einen Majestätsbeleidigungsprozess nach sich zieht, der dazu führt, dass er ins Gefängnis muss. Jadassohn geht dabei geschickt vor. Diederich sagt als Zeuge gegen Lauer aus, da er im Ratskeller zugegen war.

Magda Heßling

Magda ist eine der Schwestern Diederichs. Diederich ist sehr erfreut, dass sie den Prokuristen Kienast heiratet. Diederich hat bei dessen Firma eine Maschine zur Papierherstellung bestellt, die er nicht bezahlen kann. Seine Schwester hilft ihm nun aus der Peinlichkeit heraus. Magda redet gerne über Gerüchte in der Netziger Gesellschaft. Diederich ist ihr Vormund bis zur Heirat.

Sötbier

Er hat schon Diederichs Vater als Buchhalter gedient und half, das Geschäft aufzubauen. Er ist entsetzt über die hochfliegenden Pläne des Sohnes, der nun die Papierfabrik übernimmt. Er mahnt zur Vorsicht in geschäftlichen Dingen und insbesondere den Kauf eines neuen Holländers hält er für nicht machbar. Es kommt zum Streit mit Diederich und der alte Sötbier verlässt das Unternehmen. Er erinnert stark an Bismarck, der unter Wilhelm II. sein Gesuch auf Entlassung einreicht.

Emmi Heßling

Sie ist Diederichs zweite Schwester. Beim Werben um Kienast unterliegt sie Magda. Sie beginnt ein Verhältnis mit einem Leutnant, der sie aber dann sitzen lässt. Diederich versucht mit ihm zu reden, aber ohne Erfolg. Der Leutnant aber reagiert so wie Diederich einst gegenüber Herr Göppel, der wegen Agnes zu ihm kam und verweist auf die fehlende

Unversehrtheit der Braut und will sich auch noch mit ihm duellieren. Emmi will sich umbringen, aber Diederich kann dies verhindern. Er empfindet plötzlich Achtung vor seiner Schwester und behandelt sie immer nachsichtig.

Pastor Zillich

Er vertritt eine strenge Moral und ist kaisertreu eingestellt. Als Vater von Käthchen leidet er unter der Situation.

Wulckow

Regierungspräsident von Wulckow zeichnet sich durch seine grobe Art und politische Gerissenheit aus. Er vertritt den Monarchismus in Netzig und ist Gegner der Freisinnigen. Die Erschießung eines Arbeiters durch einen Wachtposten rechtfertigt er. Diederich gegenüber tritt er sehr herablassend auf. Er unterstützt Diederichs politische Ideen.

Kühnchen

Er ist Lehrer und war Kriegsteilnehmer im Krieg 1870/71. Er fällt durch seine Kriegsrhetorik im Ratskeller auf und ist durchweg deutschnational eingestellt.

Major Kunze

Er lässt sich von Diederich für seine politischen Pläne einspannen und gehört zum Lager der Nationalgesinnten.

Kienast

Er ist Prokurist einer Maschinenfabrik. Er heiratet Magda.

Nothgroschen
Er ist Redakteur und sehr anpassungsfähig.

iii

30

Interpretation

Die Kindheit Diederichs und die Sozialisationsinstanzen

Im ersten Kapitel zeigt sich, wie sich der Charakter Diederichs entwickelt. Dabei wirken auf ihn verschiedene Sozialisationsinstanzen ein. Da hier nicht nur familiäre, sondern auch öffentliche Instanzen zum Tragen kommen, gewinnt die Entwicklung Diederichs repräsentative Bedeutung. Die Prägungen der Kindheit formen eine Person und eben diesen Umstand nimmt Heinrich Mann auf, um aufzuzeigen, wie das Kind zum erwachsenen Untertan wird. Der Beginn des Romans ist daher als eine Schlüsselstelle anzusehen.[9]
Diederich ist ein sensibles und kränkliches Kind. Er hält sich am liebsten im eigenen Garten oder im Haus auf. Diederich fürchtet den Vater, dem er sich unterwirft. Hier beginnt die Untertanenmentalität. Er liebt den Vater, aber mit unterdrücktem Hass gegen diesen. Der Vater führt ein strenges Regiment in Fabrik und Familie. Er ist ein Aufsteiger, der selbst in einer Fabrik gearbeitet und an allen Kriegen teilgenommen hatte. Er steht für Prinzipienfestigkeit und Härte.
Anders dagegen die Mutter, die gefühlsselig und sentimental ist. Sie erscheint als Gegensatz zum Vater:
Mit der gefühlsseligen Art seiner Frau war Heßling durchaus nicht einverstanden. Sie verdarb das Kind fürs Leben. Übrigens ertappte er sie geradeso auf Lügen wie den Diedel. [10]

Diederich aber verachtet die Mutter, die ihm ja in vielem ähnlich ist und auch wie er unter dem Vater leidet. Er schlägt sich auf die Seite der Macht.

In der Schule trifft er erneut auf die Macht und sie beeindruckt ihn nachhaltig:

---

9 Vgl. Monika Hummelt-Wittke: Heinrich Mann: Der Untertan, München 1998, 3. Auflage (Oldenbourg Interpretationen, Hg. Von Klaus-Michael Bogdal und Clemens Kammler, Band 22), S.28.
10 Der Untertan, S. 10-11.

Denn Diederich war so beschaffen, daß die Zugehörigkeit zu seinem
unpersönlichen Ganzen, zu diesem unerbittlichen, menschenverachtenden,
maschinellen Organismus, der das Gymnasium war, ihn beglückte, daß die
Macht, die kalte Macht, an der er selbst, wenn auch nur leidend, teilhatte, sein
Stolz war. Am Geburtstag des Ordinarius bekränzte man Katheder und Tafel.
Diederich umwand sogar den Rohrstock. [11]

Diederich empfindet die Hierarchie der Schule als wohltuend. Sie festigt,
auch durch Stockschläge, seine Untertanenmentalität. Dass er
ausgerechnet den Rohrstock, mit dem die Schüler geschlagen werden,
mit einem Kranz umwindet, zeugt von seiner Verehrung der Macht,
auch wenn diese mit Gewalt einhergeht.

Faszinierend wird die Macht, wenn sie die trifft, die ebenfalls Macht
über einen haben:

Im Lauf der Jahre berührten zwei über Machthaber hereingebrochene
Katastrophen ihn mit heiligem und süßem Schauder. Ein Hilfslehrer ward vor
der Klasse vom Direktor heruntergemacht und entlassen. Ein Oberlehrer ward
wahnsinnig. Noch höhere Gewalten, der Direktor und das Irrenhaus, waren hier
gräßlich mit denen abgefahren, die bis eben so hohe Gewalt hatten. Von unten,
klein aber unversehrt, durfte man die Leichen betrachten und aus ihnen eine
die eigene Lage mildernde Lehre ziehen. [12]

Zusammenfassend könnte man sagen, dass Diederich den Vater als
Autorität liebt, obwohl er ihn fürchtet, die Mutter hingegen verachtet,
obwohl sie ihm eher gleicht. Gegenüber beiden verspürt er
Schuldgefühle und Hass. Seine Aggressionen gegen sich selbst führen zu
Masochismus und vor allem Sadismus, den er im privaten, beruflichen
und gesellschaftlichen Bereich auslebt.[13]

Die Untertanenmentalität

Typisch für Diederich ist die Unterscheidung von „oben" und „unten".
Oben steht der Kaiser mit seinen Vertretern. Heßling als Untertan

---

11 Ebd., S. 13.
12 Ebd., S.13.
13 Vgl. Stundenblätter, Stundenblatt Nr .5.

bewundert diese und unterwirft sich bedingungslos deren Willen. Er denkt, er habe im Dienste des Kaisers einen politischen Auftrag und bekämpft die politischen Gegner des Kaisers. Er ist auch der Auffassung, dass er im Dienste des Kaisers einen erzieherischen Auftrag hat und herrscht mit strengem Regiment in seiner eigenen Familie.
Unten sind die Schwachen, gerade die Arbeiter im eigenen Betrieb. Hier herrscht er eisern und unterdrückt sie.
Diederich buckelt nach oben und tritt nach unten.
Seine Untertanenmentalität lässt sich folgendermaßen beschreiben:[14]
Er orientiert sich an der Macht, wobei er zugleich Furcht und Begeisterung verspürt. Er findet seinen Rückhalt in der Masse, nicht das Individuum zählt, sondern das Volk. Er entzieht sich der Verantwortung, indem er einem Kollektiv das Denken überlässt, so wie es bei der Neuteutonia der Fall ist. Obwohl selbst weich, zeigt er Härte gegen andere und verachtet diese Weichheit gerade bei Frauen.
Diederich hat eine ausgesprochene Abneigung gegen die Linksliberalen (Freisinnigen) und gegen die Sozialdemokraten. Dabei vermengt er Politik und wirtschaftliche Interessen.

Diederich lachte bitter. »Warum eigentlich? In der Verehrung des alten Buck sind wir aufgezogen worden. Der große Mann von Netzig! Im Jahre achtundvierzig zum Tode verurteilt!«

»Das ist aber auch ein historisches Verdienst, sagte dein Vater immer.«

»Verdienst?« schrie Diederich. »Wenn ich nur weiß, einer ist gegen die Regierung, ist er für mich schon erledigt. Und Hochverrat soll ein Verdienst sein?«

Und er stürzte sich, vor den erstaunten Frauen, in die Politik. Diese alten Demokraten, die noch immer das Regiment führten, waren nachgerade die Schmach von Netzig! Schlapp, unpatriotisch, mit der Regierung zerfallen! Ein Hohn auf den Zeitgeist! Weil im Reichstag der alte Landgerichtsrat Kühlemann saß, ein Freund des berüchtigten Eugen Richter, darum stockte hier das

---

14 Vgl. Stundenblätter, Anhang, S. 7.

Geschäft, und niemand kriegte Geld. Natürlich, für so ein freisinniges Nest gab es weder Bahnanschlüsse noch Militär. Kein Zuzug, kein Betrieb! Die Herren im Magistrat, immer dieselben paar Familien, das kannte man, die schoben sich untereinander die Aufträge zu, und für andere Leute war nichts da. Die Papierfabrik Gausenfeld hatte sämtliche Lieferungen an die Stadt, denn auch ihr Besitzer Klüsing gehörte zu der Bande des alten Buck![15]

Diederich und die Großstadt Berlin

Das Berlin um 1889 war eine dynamische Stadt. Der Kleinstädter Heßling fühlt sich unwohl in der neuen Umgebung. Er besucht die Universität *„und in der Zwischenzeit weinte er oft vor Heimweh."*[16]
Er sucht auch keine Kontakte: *Ohne Not ging er nur selten aus.* [17]
Durch die Kontakte seines Vaters kann er jedoch Herrn Göppel aufsuchen, der auch aus Netzig stammt. Im Konkurrenzkampf um Agnes kann er nicht gegen den Kommilitonen Mahlmann bestehen, der von brutaler Rücksichtslosigkeit ist.
Diederich fühlt sich in der modernen Großstadt verloren, sogar der Wechsel an eine kleinere Universitätsstadt kommt in Betracht. In Netzig entdeckt er seine romantische Seite, die mit seinem Heimweh einhergeht: *Denn er weinte fiel. Er versuchte sogar zu dichten.*[18]
Diederich als Romantiker, der seinen Gefühlen Ausdruck gibt. Das ist Satire, denn schon kurz darauf prahlt er mit seinen Berliner Erlebnissen. Es bleibt festzuhalten, dass Diederich als Kleinstädter mit der Geschwindigkeit der Metropole Berlin nicht mithalten kann.

---

15 Der Untertan, S. 109.
16 Ebd., S. 17.
17 Ebd., S. 17.
18 Ebd., S. 30.

Die Neuteutonia

Gottlieb Hornung führt Diederich in die Studentenverbindung Neuteutonia ein. Man könnte dies als „Lösung für den Widerstreit zwischen dem »modernen« und dem »romantischen« Diederich"[19] verstehen, denn die Traditionen der Korporation geben dem ängstlichen Kleinbürger Schutz vor dem Moloch Großstadt.[20]

Wir wollen uns nun eine Korporation näher betrachten, um zu verstehen, wie sich Heinrich Mann Diederichs Sozialisierung vorstellt. Corps sind studentische Verbindungen, die im Deutschen Idealismus ihren Ursprung haben. Durch Comments, also Bestimmungen, wird das Leben innerhalb der Korporation geregelt. Das betrifft zum Beispiel die Mensur, wie das studentische Fechten genannt wird. Dabei kämpfen die Gegner (Paukanten) mit Fechtwaffen, wobei Teile des Gesichtes ungeschützt sind. Dies führt häufig zu Schmissen. Das Pauken erfordert Mut und dient zur Persönlichkeitsbildung.

Biercomments regeln das Verhalten der Trinkenden während der Kneipe, also dem Beisammensein mit Alkoholgenuss. So muss beispielsweise ein Zutrunk erwidert werden.

Ein besonderes Ritual ist der „Salamander", das auch im *Untertan* beschrieben wird. Auf das Kommando „ad exercitium salamandri" trinken die Konkneipanten ihre Gläser aus und reiben oder klappern diese auf dem Tisch und setzen sie dann hörbar ab. Dabei erzeugt das koordinierte Verhalten der Beteiligten ein Gemeinschaftsgefühl.

Ein neues Mitglied einer Verbindung nennt man Fuchs, der nach einer Probezeit zum Burschen und nach dem Studium zum Alten Herren wird. Der „Fuchsmajor" bildet diese aus.

Diederich wird in der Korporation geformt und er lässt es gerne geschehen:

---

19 Reinhard Alter: Die bereinigte Moderne. Heinrich Manns „Untertan" und politische Publizistik in der Kontinuität der deutschen Geschichte zwischen Kaiserreich und Drittem Reich. Tübingen 1995, S. 23.
20 Vgl. ebd., S.23.

Das Trinken und Nichttrinken, das Sitzen, Stehen, Sprechen oder Singen hing meistens nicht von ihm selbst ab. Alles ward laut kommandiert, und wenn man es richtig befolgte, lebte man mit sich und der Welt im Frieden.[21]
Diederich ordnet sich also ein, er ist passiv. Das ist das Gegenteil eines mündigen Bürgers. Diese Selbstaufgabe wird an anderer Stelle sehr deutlich: *Er war untergegangen in der Korporation, die für ihn dachte und wollte.*[22]
Diederich fühlt in der Gruppe auch starken Rückhalt.
In der Korporation erlernt Diederich neufeudale Veraltensweisen[23], die ihn eine streng hierarchische Ordnung lehren. So geht er auch dem Streit mit einem adeligen Offizier lieber aus dem Weg.[24] Es gibt also auch für den Korpsstudenten eine förmliche Distanz zwischen dem aufstrebendem Bürgertum, zu dem Diederich zählt, und dem Adel, was sich später in Diederichs Verhältnis zu von Wulckow auszahlen soll.[25] Die erlernten Anpassungsmanöver befähigen Diederich später als Wirtschaftsbürger zu brillieren, wobei er sich in der Neuteutonia auch eine gewisse Härte aneignet. Die neufeudale Korporation zeigt sich als Mittel, um Traditionen für eigene, ganz bürgerliche Ziele nutzbar zu machen. Er übernimmt also nicht einfach nur tradierte aristokratische Normvorstellungen, sondern überträgt diese „auf die Verhältnisse der modernen Industriegesellschaft im Sinne eines »wohlverstandenen« bürgerlichen Eigeninteresses."

---

21 Der Untertan, S. 31.
22 Ebd., S. 32.
23 Vgl. Alter, S. 23.
24 Vgl. Der Untertan, S. 40ff.
25 Vgl. Alter, S. 24.

Mensur in Göttingen Wintersemester 1888/89 [iv]

Diederich beim Militär

Der Dienst beim Militär spielte in der Epoche des Wilhelminismus eine übergeordnete Rolle. Diese zentrale Stellung in Staat und Gesellschaft geht weit über die in anderen vergleichbaren Staaten hinaus. Das resultiert aus der Geschichte Preußens als starker militärischer Staat und den bedeutenden Siegen 1864, 1866 und 1871.[26] Genaueres dazu wird im Kapitel „Das Kaiserreich" ausgeführt.

Obwohl Diederich zunächst beteuert, dass er froh sei, dass er beim Militär dienen dürfe, schreibt er nach Netzig an Dr. Heuteufel, damit dieser ihm eine Bescheinigung über eine Erkrankung ausstelle. Der gibt ihm allerdings zur Antwort, dass er nicht kneifen solle.[27]

Anscheinend kann Diederich dem militärischen Drill einiges abgewinnen.

Ja, Diederich fühlte wohl, daß alles hier, die Behandlung, die geläufigen Ausdrücke, die ganze militärische Tätigkeit vor allem darauf hinzielte, die persönliche Würde auf ein Mindestmaß herabzusetzen. Und das imponierte ihm; es gab ihm, so elend er sich befand, und gerade dann, eine tiefe Achtung ein und etwas wie selbstmörderische Begeisterung. Prinzip und Ideal war ersichtlich das gleiche wie bei den Neuteutonen, nur ward es grausamer durchgeführt. Die Pausen der Gemütlichkeit, in denen man sich seines Menschentums erinnern durfte, fielen fort. Jäh und unabänderlich sank man zur Laus herab, zum Bestandteil, zum Rohstoff, an dem ein unermeßlicher Wille knetete.[28]

Diederich aber möchte sich vor dem Dienst drücken. Dies gelingt ihm nur, weil der Oberstabsarzt ein Bekannter eines Neuteutonen ist.

Es kam dahin, daß er am Sonntag den alten Herrn eines Korpsbruders aufsuchte, der Geheimer Sanitätsrat war. Er müsse ihn um seinen Beistand bitten, sagte Diederich, rot vor Scham. Er sei begeistert für die Armee, für das große Ganze, und wäre am liebsten ganz dabeigeblieben. Man sei da in einem

---

26 Vgl. Gerhard A. Ritter, Jürgen Kocka (Hg.): Deutsche Sozialgeschichte 1870-1914. Dokumente und Skizzen. München 1982, S. 221.

27 Vgl. Der Untertan, S. 49.

28 Ebd., S. 49.

38

groißartigen Betrieb, ein Teil der Macht sozusagen, und wisse immer, was man zu tun habe: das sei ein herrliches Gefühl. Aber der Fuß tue nun einmal weh. »Man darf es doch nicht so weit kommen lassen, daß er unbrauchbar wird. Schließlich habe ich Mutter und Geschwister zu ernähren.« Der Geheimrat untersuchte ihn. »Neuteutonia sei 's Panier«, sagte er. »Ich kenne zufällig Ihren Oberstabsarzt.« Hiervon war Diederich durch seinen Korpsbruder unterrichtet. Er empfahl sich, voll banger Hoffnung. [29]

Schließlich wird Diederich frühzeitig entlassen. Zurück bei der Neuteutonia gibt er mit seinen Erlebnissen an und verschleiert sein Drückebergertum. Er erfindet eine dreiste Lügengeschichte.

»Wer von euch noch nicht dabei war, hat keine Ahnung. Ich sage euch, da sieht man die Welt von einem andern Standpunkt. Ich wäre überhaupt dabeigeblieben, meine Vorgesetzten rieten es mir, ich sei hervorragend qualifiziert. Na und da –«

Er starrte schmerzlich vor sich hin.

»Das Unglück mit dem Gaul. Das kommt davon, wenn man ein zu guter Soldat ist. Der Hauptmann läßt einen in seinem Dogcart fahren, damit der Gaul mal bewegt wird, und da ist das Unglück passiert. Natürlich habe ich den Fuß nicht geschont und zu früh wieder Dienst gemacht. Die Sache verschlimmerte sich erheblich, der Stabsarzt gab mir anheim, für jede Eventualität meine Angehörigen zu benachrichtigen.«[30]

Auch wenn Diederich überzeugter Militarist ist und die Uniform verehrt, so ist er sich doch zu schade, die Anstrengungen des Soldatendrills zu ertragen.

---

29 Ebd., S. 52.
30 Ebd., S. 55.

Das Sozialpsychologische im Untertan

Für manche Autoren scheint die Sache einfach. Diederich ist das Produkt seiner Umwelt. Er musste im Kaiserreich so werden und das Kaiserreich war ein Obrigkeitsstaat, der Bürger zu Untertanen erzog. Wohin das alles führen wird, das ist für so manchen Vertreter der Kontinuitätstheorie[31] ganz klar zu erkennen. Eine differenziertere Sichtweise wäre wohl angebracht. Vielleicht mag sie zu überzeugen. Im historischen Teil gehe ich näher auf die modernen Elemente des Kaiserreichs ein, die eine Kontinuität nicht bestätigen.

Es stellt sich die Frage, ob der Untertan eher Satire auf das Kaiserreich sei oder doch eher die Realität der Zeit spiegelt. Oder konkreter: Ist dies „eine erste Beschreibung und Analyse des Faschismus, genauer: der sozialpsychologischen Bedingungen für seine Ausbreitung"[32]? Die kritisch orientierte Sozialwissenschaft und Psychologie schien dies zu bestätigen. Zu nennen wären hier die Arbeiten von Wilhelm Reich („Massenpsychologie des Faschismus"), Max Horkheimer und Theodor W. Adorno.[33]

Diese Autoren versuchten nachzuweisen, wie gesellschaftliche Bedingungen den Bürger dazu bringen, einen autoritären Charakter auszubilden. Sie wollen den Zusammenhang zwischen solchen Charakterstrukturen und Faschismusnähe zeigen. Hat Heinrich Mann diese Theoriebildung vorweggenommen?

Dazu ein Zitat aus dem ersten Kapitel:

---

31 Die Kontinuitätstheorie bezeichnet in der Geschichtswissenschaft Vorstellungen von dem Zusammenhang geschichtlicher Ereignisse über längere Zeiträume. Gemeint ist hier speziell die Vorstellung, dass der Nationalsozialismus bereits in einer Untertanenmentalität des Kaiserreichs angelegt worden sei.

32 Jochen Vogt: Diederichs Heßlings autoritärer Charakter. Sozialpsychologisches im Untertan, in: Text + Kritik. Heinrich Mann, München 1986, S. 70.

33 Vgl. ebd., S. 70.

Fürchterlicher als Gnom und Kröte war der Vater, und obendrein sollte man ihn lieben. Diederich liebte ihn. Wenn er genascht oder gelogen hatte, drückte er sich so lange schmatzend und scheu wedelnd am Schreibpult umher, bis Herr Heßling etwas merkte und den Stock von der Wand nahm. Jede nicht herausgekommene Untat mischte in Diederichs Ergebenheit und Vertrauen einen Zweifel. Als der Vater einmal mit seinem invaliden Bein die Treppe herunterfiel, klatschte der Sohn wie toll in die Hände — worauf er weglief.

Kam er nach einer Abstrafung mit gedunsenem Gesicht und unter Geheul an der Werkstätte vorbei, dann lachten die Arbeiter. Sofort aber streckte Diederich nach ihnen die Zunge aus und stampfte. Er war sich bewußt: „Ich habe Prügel bekommen, aber von meinem Papa. Ihr wäret froh, wenn ihr auch Prügel von ihm bekommen könntet. Aber dafür seid ihr viel zu wenig. [34]

Diederich erlebt, dass der Vater Macht über die ganze Familie hat und stellt diese nicht in Frage. Interessant ist, dass er die Macht des Vaters schlimmer als „Gnom und Kröte"[35] erlebt. Der Vater fordert äußerste Disziplin und darf mit Prügeln strafen. Trotzdem soll er den Vater lieben und tut es auch. Er unterwirft sich also der Herrschaftsordnung und kontrolliert die eigene Emotion, denn er „fürchtet" ja. Nur manchmal zeigt sich, dass die Erfahrung der Macht für das Kind eine Belastung ist, die es in Frage stellt, wie es an der Stelle gezeigt wird, als Diederich in die Hände klatscht, als der kriegsversehrte Vater die Treppe herunterfällt. Gleich aber stellt sich Diederich wieder unter die Strafgewalt und macht den Vater auf seine Streiche aufmerksam. Diese masochistische Ader kommt auch in seiner späteren Ehe zum Tragen, als Guste ihn im Schlafzimmer herumkommandieren darf.

Auffallend ist die Übertragung seiner Aggressionen, die er gegen den Vater hegt, gegen die Arbeiter. Die Autorität des Vaters verbietet jedes

---

34 Der Untertan, S. 9.
35 Ebd., S. 9.

widerständige Verhalten und so sucht Diederich sich möglichst Opfer, die sich nicht wehren können. Die Arbeiter sind vom Vater so abhängig wie er selbst. Hier zeigt sich auch Diederichs spätere Einstellung zu den Arbeitern, die er als gegnerische Klasse wahrnimmt und die er ausbeuten möchte. Er ist sich bewusst, dass er einer bürgerlich-besitzenden Familie angehört. So wie er auf die Familie zentriert ist, so ist auch sein Verhältnis zum Staatsvolk. Er sieht Feinde im Innern, aber auch Bedrohungen durch fremde Völker. Dabei fällt allerdings auf, dass Diederichs Abneigung gegen England durchaus ökonomisch motiviert ist, denn dort wird ganz hervorragendes Papier produziert.

Wichtig ist auch sein Verhältnis zur Mutter.

Frau Heßling wollte Diederich nötigen, vor dem Vater hinzufallen und ihn um Verzeihung zu bitten, weil der Vater seinetwegen geweint habe! Aber Diederichs Instinkt sagte ihm, daß dies den Vater nur noch mehr erbost haben würde. Mit der gefühlsseligen Art seiner Frau war Heßling durchaus nicht einverstanden. Sie verdarb das Kind fürs Leben. Übrigens ertappte er sie geradeso auf Lügen wie den Diedel. Kein Wunder, da sie Romane las! Am Sonnabendabend war nicht immer die Wochenarbeit getan, die ihr aufgegeben war. Sie klatschte, anstatt sich zu rühren, mit dem Dienstmädchen ... Und Heßling wußte noch nicht einmal, daß seine Frau auch naschte, gerade wie das Kind. Bei Tisch wagte sie sich nicht satt zu essen und schlich nachträglich an den Schrank. Hätte sie sich in die Werkstatt getraut, würde sie auch Knöpfe gestohlen haben.[36]

Nach Vogt[37] ist die Frau in der bürgerlichen Familie am meisten unterdrückt. Dem Sohn kann noch die Nachfolge winken, ihr nicht. Die Gesellschaft ist von Männern beherrscht und die Frauen sind gewissermaßen zum Dienen verpflichtet. Frau Heßling wird als infantil beschrieben, indem sie lügt und nascht. Hier kommt es nun durch Vogt

---

36 Ebd., S.10-11.
37 Vgl. Vogt, S.74.

zu einer erstaunlichen Interpretation: „*Verfolgt wird noch die Ersatzlust des Gaumens, die hier offensichtlich im Gefolge sexueller Frustration steht...*".[38]

Also, ich denke, hier geht Vogt zu weit. Wenn die Begierde nach Süßigkeiten immer für sexuelle Frustration stehen soll, dann würden unsere Supermärkte viel über die Verhältnisse im Land aussagen. Das tun sie aber nicht, weil dies reine Spekulation ist.

Diederich liebt die Mutter, verachtet aber ihre Weichheit. Diese Ambivalenz zeigt sich auch im Erwachsenenleben. Auf die Verehrung seiner Geliebten Agnes folgt bald die Verachtung. Dass sie sich ihm vorehelich hingegeben hat, versteht er als Schwäche. Seine eigenen moralischen Maßstäbe sind allerdings nicht so hoch, wie sein Verhältnis mit Käthchen während der Ehe mit Guste zeigt. Überhaupt legt Diederich bei den anderen andere Maßstäbe an, als bei sich. Als er zwei Arbeiter hinter den Lumpen beim Poussieren erwischt, will er diese entlassen. An gleicher Stelle will er sich mit Guste Daimchen einlassen.

Interessant auch die politischen Äußerungen Diederichs. Er benutzt Worte wie Herrenvolk, Herrenkultur und Weltmacht. Er fordert eine spartanische Zucht der Rasse. Ringsum drohen Fremdgruppen: die Franzosen, die Engländer, die Juden. Die Sozialdemokratie ist der Umsturz und die Demokratie eine Schlammflut. Vorausdeutend ist auch Heßlings Forderung, Blödsinnige und Sittlichkeitsverbrecher an der Fortpflanzung zu hindern.

Aber es bleibt auch festzuhalten: Der Untertan wurde bereits 1906 konzipiert. Erst mit dem Ende der Barbarei können diese Worte die Leserschaft als Mahnung verstehen. Zwei Jahrzehnte vor seiner Machtentfaltung hat Mann scheinbar den Faschismus erkannt.

Ich würde das nicht als sicher ansehen. Eher hat er die Mechanismen erkannt, die in den 1. Weltkrieg führten. Dieses großsprecherische

---

38 Ebd., S. 74-75.

Auftreten, die Angst vor Gesichtsverlust, das zeigt sich bei den Militärs. Aber gibt es gleich eine Verbindung zum Faschismus? War die Erziehung in England anders? Dazu verweise ich an anderer Stelle auf die Arbeiten von Nipperdey.

Das zeitgenössische Lesepublikum sah in dem Buch eine aktuelle Satire ohne ernsthafte Analyse.[39] Ein hartes Urteil formulierte der Bruder Thomas Mann: *„Denn ein sozialkritischer Realismus ohne Impression, Verantwortlichkeit und Gewissen, der Unternehmer schilderte, die es nicht gibt, Arbeiter, die es nicht gibt, soziale 'Zustände', die es allenfalls ums Jahr 1850 in England gegeben haben mag, und der aus solchen Ingredienzien seine hetzerisch-liebenden Mordgeschichten zusammenbraute, - eine solche Realsatire wäre ein Unfug, und wenn sie einen vornehmen Namen verdiente, einen vornehmeren als den der internationalen Verleumdung und der nationalen Ehrabschneiderei, so lautete er: Ruchloser Ästhetizismus".*[40]

Diederich und die Macht

Am Ende des 1. Kapitels wird deutlich, wie sehr Diederich die Macht verehrt:

Er schwenkte den Hut hoch über allen Köpfen, in einer Sphäre der begeisterten Raserei, durch einen Himmel, wo unsere äußersten Gefühle kreisen. Auf dem Pferd dort, unter dem Tor der siegreichen Einmärsche und mit Zügen steinern und blitzend, ritt die Macht! Die Macht, die über uns hingeht und deren Hufe wir küssen! Die über Hunger, Trotz und Hohn hingeht! Gegen die wir nichts

---

39 Vgl. ebd., S. 81.
40 Thomas Mann, Betrachtungen eines Unpolitischen, zit. nach: Ders., Gesammelte Werke in Einzelbänden, Frankfurt a.M., 1983, S. 567.

können, weil wir alle sie lieben! Die wir im Blut haben, weil wir die Unterwerfung darin haben! Ein Atom sind wir von ihr, ein verschwindendes Molekül von etwas, das sie ausgespuckt hat! Jeder einzelne ein Nichts, steigen wir in gegliederten Massen, als Neuteutonen, als Militär, Beamtentum, Kirche und Wissenschaft, als Wirtschaftsorganisationen und Machtverbände kegelförmig hinan, bis dort oben, wo sie selbst steht, steinern und blitzend! Leben in ihr, haben teil an ihr, unerbittlich gegen die, die ihr ferner sind, und triumphierend, noch wenn sie uns zerschmettert: denn so rechtfertigt sie unsere Liebe! ... Einer der Schutzleute, deren Kette das Tor absperrte, stieß Diederich vor die Brust, daß ihm der Atem ausblieb; er aber hatte die Augen so voll Siegestaumel, als reite er selbst über alle diese Elenden hinweg, die gebändigt ihren Hunger verschluckten. Ihm nach! Dem Kaiser nach! Alle fühlten wie Diederich. Eine Schutzmannskette war zu schwach gegen so viel Gefühl; man durchbrach sie. Drüben stand eine zweite. Man mußte abbiegen, auf Umwegen den Tiergarten erreichen, einen Durchschlupf finden. Wenige fanden ihn; Diederich war allein, als er auf den Reitweg hinausstürzte, dem Kaiser entgegen, der auch allein war. [41]

Die Macht, sie wird auch verkörpert durch von Wulckow, der sich arrogant und anmaßend gegenüber Diederich verhält. So lässt er Diederich wohl bewusst von seiner Dogge beschnuppern.

Diederich wartete vergeblich auf den Diener, lange Minuten. Dann aber trat der Wulckowsche Hund ein, schritt riesenhaft und voll Verachtung an Diederich vorbei und kratzte an der Tür. Sofort ertönte es drinnen: »Schnaps! Komm herein!« – worauf die Dogge die Tür aufklinkte. Da sie vergaß, sie wieder zu schließen, erlaubte Diederich sich, mit hineinzuschlüpfen. Herr von Wulckow saß in einer Rauchwolke am Schreibtisch, er wendete den ungeheuren Rücken her.

»Guten Tag, Herr Präsident«, sagte Diederich, mit einem Kratzfuß. »Na nu quatschst du auch schon, Schnaps?« fragte Wulckow, ohne sich umzusehen. Er

---

41 Der Untertan, S. 63.

45

faltete ein Papier, zündete langsam eine neue Zigarre an ... ›Jetzt kommt es‹,
dachte Diederich. Aber dann begann Wulckow etwas anderes zu schreiben.
Interesse an Diederich nahm nur der Hund. Offenbar fand er den Gast hier noch
weniger am Platz, seine Verachtung ging in Feindseligkeit über; mit gefletschten
Zähnen beschnupperte er Diederichs Hose, fast war es kein Schnuppern mehr.
Diederich tanzte, so geräuschlos wie möglich, von einem Fuß auf den andern,
und die Dogge knurrte drohend aber leise, wohl wissend, ihr Herr könne es sonst
nicht weiterkommen lassen. Endlich gelang es Diederich, zwischen sich und
seinen Feind einen Stuhl zu bringen, an den geklammert er sich umherdrehte,
bald langsamer, bald schneller, und immer auf der Hut vor Schnaps'
Seitensprüngen. Einmal sah er Wulckow den Kopf ein wenig wenden und
glaubte ihn schmunzeln zu sehen. Dann hatte der Hund genug von dem Spiel, er
ging zum Herrn und ließ sich streicheln; und neben Wulckows Stuhl
hingelagert, maß er mit kühnen Jägerblicken Diederich, der sich den Schweiß
wischte.[42]

Da aber geschieht etwas Unerwartetes. Diederich wendet sich in
Gedanken gegen die Macht, wobei wieder die Sätze auftauchen, die wir
schon über die Macht kennen. Seine Wut richtet sich vornehmlich gegen
die Macht des Adelsstandes. Obwohl er Doktor ist, behält der Adel seine
Privilegien. Das ist auch der Grund, warum er Wulckow als ungebildet
bezeichnet. Diederich ist sich bewusst, dass seine Klasse, die der
aufsteigenden Unternehmer, den Adel längst abgehängt hat und er
diesen mitfinanziert. Insofern zeugt diese Episode von einem
Widerspruch, den es im Kaiserreich wirklich gegeben hat.

›Gemeines Vieh!‹ dachte Diederich - und plötzlich wallte es auf in ihm.
Empörung und der dicke Qualm verschlugen ihm den Atem, er dachte, mit
unterdrücktem Keuchen: ›Wer bin ich, daß ich mir das muß bieten lassen? Mein
letzter Maschinenschmierer läßt sich das von mir nicht bieten. Ich bin Doktor.
Ich bin Stadtverordneter! Dieser ungebildete Flegel hat mich nötiger als ich ihn!‹
Alles, was er heute nachmittag erlebt hatte, nahm den übelsten Sinn an. Man

---

42 Ebd., S. 329-330.

hatte ihn verhöhnt, der Bengel von Leutnant hatte ihm den Rücken geklopft! Diese Kommißknöpfe und adeligen Puten hatten die ganze Zeit von ihren albernen Angelegenheiten geredet und ihn wie dumm dabei sitzen lassen! ›Und wer bezahlt die frechen Hungerleider? Wir!‹ Gesinnung und Gefühle, alles stürzte in Diederichs Brust auf einmal zusammen, und aus den Trümmern schlug wild die Lohe des Hasses. ›Menschenschinder! Säbelraßler! Hochnäsiges Pack! ... Wenn wir mal Schluß machen mit der ganzen Bande –!‹ Die Fäuste ballten sich ihm von selbst, in einem Anfall stummer Raserei sah er alles niedergeworfen, zerstoben: die Herren des Staates, Heer, Beamtentum, alle Machtverbände und sie selbst, die Macht! Die Macht, die über uns hingeht und deren Hufe wir küssen! Gegen die wir nichts können, weil wir alle sie lieben! Die wir im Blut haben, weil wir die Unterwerfung darin haben! Ein Atom sind wir von ihr, ein verschwindendes Molekül von etwas, das sie ausgespuckt hat! ... Von der Wand dort, hinter blauen Wolken, sah eisern hernieder ihr bleiches Gesicht, eisern, gesträubt, blitzend: Diederich aber, in wüster Selbstvergessenheit, hob die Faust. [43]

Aber Diederich wäre nicht Diederich, wenn er nicht wieder gleich zum Untertan würde.

Da knurrte der Wulckowsche Hund, unter dem Präsidenten hervor aber kam ein donnerndes Geräusch, ein langhinrollendes Geknatter – und Diederich erschrak tief. Er verstand nicht, was dies für ein Anfall gewesen war. Das Gebäude der Ordnung, wieder aufgerichtet in seiner Brust, zitterte nur noch leise. Der Herr Regierungspräsident hatte wichtige Staatsgeschäfte. Man wartete eben, bis er einen bemerkte; dann bekundete man gute Gesinnung und sorgte für gute Geschäfte ... [44]

Interessant ist, dass Diederich die Macht der anderen bewundert, auch wenn er gedemütigt wird. So will er bei Mahlmann Schulden eintreiben

---

43 Ebd., S.330-331.
44 Ebd., S. 331.

und sucht diesen zuhause auf.[45] Mahlmann aber verhöhnt ihn und lässt ihn hinauswerfen.

Etwas höchst Anstößiges blieb es, daß ein einzelner sich so viel erlauben konnte; Diederich war gekränkt im Namen sämtlicher Korporationen. Andererseits war es nicht zu leugnen, daß Mahlmann Diederichs alte Hochachtung wieder beträchtlich aufgefrischt hatte. ›Ein ganz gemeiner Hund‹, dachte Diederich. ›Aber so muß man sein ...‹ [46]

Und dann wendet Diederich seinen neuen Grundsatz auch gleich an und lässt Hornung im Stich.

Zu Hause lag ein eingeschriebener Brief.

»Nun können wir fortmachen«, sagte Hornung.

»Wieso wir? Ich brauch mein Geld selbst.«

»Du machst wohl Spaß. Ich kann hier doch nicht allein sitzenbleiben.«

»Dann such dir Gesellschaft!«

Diederich schlug ein solches Gelächter auf, daß Hornung ihn für verrückt hielt. Darauf reiste er wirklich. [47]

---

45 Vgl. ebd., S. 43.
46 Ebd., S. 45.
47 Ebd., S. 45.

Agnes als Alternative

Hätte Diederich sich auch anders entwickeln können? In der Beziehung zu Agnes zeigt er auch andere Seiten.

Es kam vor, daß im Laboratorium der Diener zu Diederich hintrat und ihm meldete, draußen sei eine Dame. Er stand sofort auf, stolz errötend unter den verständnisvollen Blicken der Kollegen. Und dann bummelten sie, gingen ins Café, ins Panoptikum; und da Agnes gern Bilder sah, erfuhr Diederich auch, daß es Kunstausstellungen gab. Agnes liebte es, vor einem Bild, das ihr gefiel, einer sanften, festtägigen Landschaft aus schöneren Ländern, lange stehenzubleiben, mit halbgeschlossenen Augen, und Träume auszutauschen mit Diederich.

»Sieh nur recht hin, dann merkst du, das ist kein Rahmen, es ist ein Tor mit goldenen Stufen, die gehen wir hinunter und über den Weg und biegen die Weißdornbüsche weg und steigen in den Kahn. Fühlst du wohl, wie er schaukelt? Das kommt, weil wir die Hand durch das Wasser schleifen, es ist so warm. Drüben am Berg, der weiße Punkt, du weißt schon, es ist unser Haus, dahin fahren wir. Siehst du, siehst du?«

»Ja, ja«, sagte Diederich voll Eifer. Er kniff die Lider ein und sah alles, was Agnes wollte. Er geriet so sehr in Feuer, daß er ihre Hand nahm, um sie zu trocknen. Dann setzten sie sich in einen Winkel und sprachen von den Reisen, die sie machen wollten, dem sorgenlosen Glück in sonniger Ferne, von Liebe ohne Ende. Diederich glaubte, was er sagte. Im Grunde wußte er wohl, daß er bestimmt sei, zu arbeiten und ein praktisches Leben zu führen, ohne viel Muße für Überschwenglichkeiten. Aber was er hier sagte, war von einer höheren Wahrheit als alles, was er wußte. Der eigentliche Diederich, der, der er hätte sein sollen, sprach wahr. – Aber Agnes: wie sie nun aufstanden und gingen, war sie blaß und schien müde. Ihre schönen blonden Augen hatten einen Glanz, der Diederich beklommen machte, und sie fragte leise und zitternd: »Wenn unser Kahn nun umgeschlagen wäre?«[48]

---

48 Der Untertan, S. 76.

Zunächst ist es bemerkenswert, dass es Agnes gelingt, Diederich für die Kunst zu interessieren, denn normalerweise schätzt er nur das Praktische. Aber er verstellt sich nicht, er interessiert sich wirklich.

Diederich spürt, dass er ein anderer sein kann, eben „der eigentliche Diederich"[49]. Jemand, der zu seinen Gefühlen steht und nicht immer den harten Mann spielen muss.

Aber er hat immer wieder Phasen, in denen er Agnes als zu weich verachtet und ihr aus dem Weg geht. Schließlich wendet er sich ganz von ihr ab. Der alte Diederich, der, der die Macht am höchsten schätzt, hat sich durchgesetzt.

»Uff!« machte Diederich, als er allein war. »Das wäre erledigt.« Er sagte sich: ›Es hätte ebensogut schiefgehen können.‹ Und mit Empörung: ›So eine hysterische Person!‹ Sich selbst würde sie sicher am Boot festgehalten haben. Er hätte das Bad allein nehmen müssen. Auf den ganzen Trick war sie doch nur verfallen, weil sie durchaus geheiratet werden wollte! ›Die Weiber sind zu gerissen, und sie haben keine Hemmungen, da kommt unsereiner nun mal nicht mit. Diesmal hat sie mich, weiß Gott, noch ärger an der Nase herumgeführt als damals mit Mahlmann. Na, mir soll es eine Lehre für das Leben sein. Nun aber Schluß!‹ Und festen Schrittes ging er zu den Neuteutonen. Fortan verbrachte er jeden Abend dort, und am Tage büffelte er für das mündliche Examen, aber zur Vorsicht nicht zu Hause, sondern im Laboratorium. Wenn er dann heimkam, ward ihm das Steigen der Stockwerke schwer, er mußte sich gestehen, daß er Herzklopfen habe. Zögernd öffnete er die Zimmertür: – nichts; und nachdem ihm anfangs leichter geworden war, kam es schließlich doch jedesmal dazu, daß er die Wirtin fragte, ob jemand dagewesen sei. Niemand war dagewesen.

Nach vierzehn Tagen aber kam ein Brief. Er hatte ihn geöffnet, bevor er es bedachte. Dann wollte er ihn ungelesen in den Schreibtisch werfen – zog ihn

---

49 Ebd., S. 78.

aber wieder hervor und hielt ihn weit fort vom Gesicht. Hastig, mit mißtrauischen Augen, griff er hie und da eine Zeile heraus. »Ich bin so unglücklich ...« - »Kennen wir!« antwortete Diederich. »Ich wage mich nicht zu dir ...« - »Dein Glück!« - »Es ist schrecklich, daß wir uns fremd geworden sind ...« - »Wenigstens siehst du es ein.« - »Verzeih mir, was geschehen ist, oder ist nichts geschehen? ...« - »Gerade genug!« - »Ich kann nicht weiterleben ...« - »Fängst du schon wieder an?« Und er schleuderte das Blatt endgültig in die Lade, zu jenem anderen, das er in einer zuchtlosen Nacht mit Überschwenglichkeiten bedeckt und zum Glück nicht abgeschickt hatte.[50]

Diederich vergleicht Agnes mit seiner Mutter.[51] Auch sie konnte Gefühle zeigen und er hatte sie verachtet. Aber er ist wahrscheinlich seiner Mutter näher, als er denkt.

Eine harte Zeit

Es ist erstaunlich, dass sich Diederich immer wieder klar macht, dass er in einer harten Zeit lebt. Er ist der Auffassung, dass diese „harte Zeit" nur durch den Nationalismus gebändigt werden kann:

Diese harte Zeit: Bei dem Wort sah Diederich immer die Linden, mit dem Gewimmel von Arbeitslosen, Frauen, Kindern, von Not, Angst, Aufruhr - und das alles gebändigt, bis zum Hurraschreien gebändigt, durch die Macht, die allumfassende, unmenschliche Macht, die mitten darin ihre Hufe wie auf Köpfe setzte, steinern und blitzend.[52]

Er bemerkt auch, wie gerissen Jadassohn vorgeht und möchte ebenso sein:

---

50 Ebd., S. 92.
51 Vgl. ebd., S. 100.
52 Ebd., S. 100.

Er sagte sich wieder einmal, daß alle gerissener und brutaler im Leben
vorgingen als er selbst. Die große Aufgabe war: wie ward man energisch. Er
setzte sich stramm hin und blitzte. Mehr unternahm er lieber nicht; bei einem
Herrn von der Staatsanwaltschaft konnte man nie wissen ... Übrigens lenkte
Jadassohn zu etwas anderem über.[53]

Ganz anders dagegen der Vater von Agnes, Herr Göppel, der auch dem
jungen Kaiser nichts abgewinnen kann:

»Wieso, harte Zeit?« sagte Herr Göppel. »Sie ist doch nur hart, wenn wir uns
gegenseitig das Leben schwermachen. Ich hab mich mit meinen Arbeitern noch
immer vertragen.« Diederich zeigte sich entschlossen, daheim in seinem Betrieb
eine ganz andere Zucht einzuführen.[54]

Hier begegnet uns auch der Konflikt, zwischen den Unternehmern, die
sich für soziale Betriebsordnungen einsetzen (Lauer, Göppel) und jenen,
die ihre Arbeiter wie Untertanen behandeln.

Der alte Buck – eine positive Gegenfigur

Der alte Buck ist Demokrat durch und durch. Als Teilnehmer der
Revolution von 1848 war er sogar zum Tode verurteilt worden. Dass er
hohe Wertschätzung in der Gesellschaft genießt, merkt man an den
Aussagen von Herrn Göppel:

Herr Göppel fragte gleich nach ganz Netzig und vor allem nach dem alten Buck.
Denn obwohl sein Kinnbart nun auch ergraut war, hatte er doch, wie Diederich,
nur, wie es schien, aus anderen Gründen, schon als Knabe den alten Buck

---

53 Ebd., S. 169.
54 Ebd., S. 75.

verehrt. Das war ein Mann: Hut ab! Einer von denen, die das deutsche Volk hochhalten sollte, höher als gewisse Leute, die immer alles mit Blut und Eisen kurieren wollten und dafür der Nation riesige Rechnungen schrieben. Der alte Buck war schon achtundvierzig dabeigewesen, er war sogar zum Tode verurteilt worden. »Ja, daß wir hier als freie Männer sitzen können«, sagte Herr Göppel, »das verdanken wir solchen Leuten wie dem alten Buck.« Und er öffnete noch eine Flasche Bier. »Heute sollen wir uns mit Kürassierstiefeln treten lassen ...« [55]

Göppel ist wie Buck Anhänger des Freisinns, der linksliberalen Partei.

Als Diederich wieder nach Netzig zurückkehrt, besucht er gleich den alten Buck, der sich negativ über die politische Entwicklung im Lande äußert:

»Damals war die ganze Stadt bei mir zu Hause. Jetzt ist es so einsam wie nie, zuletzt ging noch Wolfgang fort. Ich würde alles dahingehen, aber, junger Mann, wir sollen Respekt haben vor unserer Vergangenheit – auch wenn wir besiegt worden sind.«

»Zweifellos«, sagte Diederich. »Und dann sind Sie immer noch der mächtigste Mann in der Stadt: Die Stadt, sagt man immer, gehört dem Herrn Buck.«

»Das will ich aber gar nicht, ich will, daß sie sich selbst gehört.« Er atmete tief auf. »Das ist eine weitläufige Sache, Sie werden sie allmählich kennenlernen, wenn Sie Einblick in unsere Verwaltung bekommen. Wir werden nämlich jeden Tag heftiger bedrängt von der Regierung und ihren junkerlichen Auftraggebern. Heute will man uns zwingen, den Gutsbesitzern, die uns keine Steuern zahlen, unser Licht zu geben, morgen werden wir ihnen Straßen bauen müssen. Zuletzt geht es um unsere Selbstverwaltung. Sie werden sehen, wir leben in einer belagerten Stadt.«

Diederich lächelte überlegen. »So schlimm kann es wohl nicht sein, denn unser Kaiser ist doch eine so moderne Persönlichkeit.«

---

55 Ebd., S. 17-18.

»Nun ja«, sagte der alte Buck. Er erhob sich, wiegte den Kopf – und dann zog er es vor, zu schweigen. Er reichte Diederich die Hand.

»Mein lieber Doktor, Ihre Freundschaft wird mir gerade so wertvoll sein, als die Ihres Vaters mir war. Nach unserer Unterredung habe ich die Hoffnung, daß wir in allem einig gehen werden.«

Unter dem warmen blauen Blick des Alten schlug Diederich sich auf die Brust. »Ich bin ein durchaus liberaler Mann!«

»Vor allem warne ich Sie vor dem Regierungspräsidenten von Wulckow. Er ist der Feind, der uns hier in die Stadt gesetzt worden ist. Der Magistrat unterhält nur die unumgänglichen Beziehungen zum Präsidenten. Ich selbst habe die Ehre, von dem Herrn nicht gegrüßt zu werden.«

»Oh!« machte Diederich, ehrlich erschüttert.

Der alte Buck öffnete ihm schon die Tür, schien aber noch etwas zu überlegen. »Warten Sie!« Er trat eilig zu seiner Bibliothek, bückte sich und tauchte aus einer staubigen Tiefe mit einem kleinen, fast quadratischen Buch auf. Er steckte es Diederich rasch zu, verstohlenen Glanz in seinem Gesicht, das errötet war. »Da, nehmen Sie! Es sind meine ›Sturmglocken‹! Man war auch Dichter – damals.« Und er schob Diederich sanft hinaus.[56]

Buck fürchtet die Macht der alten konservativen Eliten, die der Staat bevorzugt. Regierungspräsident von Wulckow verkörpert diese Macht.

Buck zeigt sich als feinsinniger Mensch, der in seiner Jugend, wohl während der 48-er Revolution auch Gedichte schrieb. Anders als sein Sohn Wolfgang verkörpert der Alte nicht nur den Intellekt, sondern auch die Tat, was er während der Revolution bewiesen hat.

---

56 Ebd., S. 119-120.

Gegen Ende des Romans belauscht Diederich ein Gespräch zwischen Vater und Sohn Buck, das einiges über ihre politischen Hoffnungen verrät:

»Wer müßte nun dort oben einhersprengen?« fragte Wolfgang Buck. »Der Alte war nur ein Vorläufer. Dies mystisch-heroische Spektakel wird nachher mit Ketten von uns abgesperrt sein, und wir werden zu gaffen haben: was von allem der Endzweck war. Theater, und kein gutes.«

Nach einer Weile, die Dämmerung graute, sagte der Vater: »Und du, mein Sohn? Auch dir schien es einmal der Endzweck, zu spielen.«

»Wie meinem ganzen Geschlecht. Mehr können wir nicht. Wir sollten uns leicht und klein nehmen heute, es ist die sicherste Haltung angesichts der Zukunft; und ich sage nicht, daß es mehr war als Eitelkeit, weshalb ich die Bühne wieder verlassen habe. Lächerlich, Vater, ich bin gegangen, weil einmal, als ich spielte, ein Polizeipräsident geweint hatte. Aber bedenke auch, ob dies erträglich war. Feinheiten letzten Grades, Einsicht in Herzen, hohe Moral, Modernität des Intellektes und der Seele stelle ich für Menschen dar, die meinesgleichen scheinen, weil sie mir zuwinken und betroffene Gesichter haben. Nachher aber liefern sie Revolutionäre aus und schießen auf Streikende. Denn mein Polizeipräsident steht für alle.«

Hier wandte Buck sich genau dem Busch zu, der Diederich barg.

»Kunst bleibt euch Kunst, und alles Ungestüm des Geistes rührt nie an euer Leben. Den Tag, an dem die Meister eurer Kultur dies begriffen hätten wie ich, würden sie euch, wie ich, allein lassen mit euren wilden Tieren.« Und er zeigte nach den Löwen und Adlern. Auch der Alte sah auf das Denkmal; er sagte: »Sie sind sehr mächtig geworden; aber durch ihre Macht ist in die Welt weder mehr Geist noch mehr Güte gekommen. Also war es umsonst. Auch wir waren

55

scheinbar umsonst da.« Er blickte auf den Sohn. »Dennoch dürft ihr ihnen das Feld nicht lassen.«[57]

Es ist der trotzige Kampf des Unterlegenen.

Und geradezu prophetisch sieht der Alte die Katastrophe kommen:

»Du mußt ihm glauben, mein Sohn. Wenn die Katastrophe, der sie auszuweichen denken, vorüber sein wird, sei gewiß, die Menschheit wird das, worauf die erste Revolution folgte, nicht scham- und vernunftloser nennen als die Zustände, die die unseren waren.«

Er sagte leise wie aus der Ferne: »Der würde nicht gelebt haben, der nur in der Gegenwart lebte.«

Plötzlich schien es, als schwankte er. Der Sohn griff rasch hin, und an seinem Arm, zusammengesunken und stockenden Schrittes, verschwand der Alte im Dunkel. Diederich aber, der auf anderen Wegen enteilte, hatte das Gefühl, aus einem bösen, wenn auch größtenteils unbegreiflichen Traum zu kommen, worin an den Grundlagen gerüttelt worden war. Und trotz dem Unwirklichen, das alles Gehörte an sich hatte, schien hier tiefer gerüttelt worden zu sein, als je der ihm bekannte Umsturz rüttelte. Dem einen dieser beiden waren die Tage gezählt, der andere hatte auch nicht viel vor sich, aber Diederich fühlte, es wäre besser gewesen, sie hätten einen gesunden Lärm im Lande geschlagen, als daß sie hier im Dunkeln diese Dinge flüsterten, die doch nur von Geist und Zukunft handelten.[58]

---

57 Ebd., S. 455-456.
58 Ebd., S.456.

Wolfgang Buck – ein schwacher Demokrat

Diederichs Gegenpart ist Wolfgang Buck und doch bleibt Diederich immer fasziniert von ihm und sucht das Gespräch.

Wolfgang Buck durchschaut das Operettenhafte des Systems. Das wird vor allem in der Gerichtsszene deutlich.

Aber Buck bleibt unentschlossen. Er weiß nicht, ob er Arbeiterführer werden soll oder General. Vor Gericht lässt er sich von den eigenen Worten berauschen und verliert so für seinen Mandanten das Verfahren.

Wolfgang Buck verkörpert mit seinem analytischen Denken den „Geist", den Heinrich Mann einforderte. Aber die Verbindung zur Tat fehlt. Sein Alkoholproblem ist offensichtlich und er neigt dazu, hoffnungslos und antriebsschwach zu sein.

Er hat eine Neigung zum Schwärmerischen und ist labil. Sein Verhalten gegenüber Guste Daimchen wirkt fragwürdig.

Der Bau des Denkmals und die Parteiintrigen

Die Intrigen rund um das Denkmal sind etwas komplex, so dass sie hier etwas näher erläutert werden sollen.

Zunächst gibt es da eine Geldspende von Kühlemann, die für den Bau eines Säuglingsheims genutzt werden soll. Nun haben aber die Parteien unterschiedliche Auffassungen, was mit dem Geld geschehen soll. Die Nationalen (Wulckow, Hessling) wollen ein Kaiser-Wilhelm-Denkmal errichten, um einen Beweis für die Kaisertreue Netzigs zu liefern.

Daggegen wollen die Freisinnigen (Buck) das Säuglingsheim wirklich bauen, worauf sie in die Schusslinie der Nationalen geraten. Die

Sozialdemokraten (Fischer) wollen ein Gewerkschaftshaus, wobei Fischer aus taktischen Gründen den Denkmalsbau unterstützt. Fischer unterstützt Diederich gegen Buck und gibt damit ein sehr negatives Bild ab. Diederich verkauft ein Grundstück für den Bau an einen Strohmann von von Wulckow und erhält im Gegenzug einen Orden und gelangt auch noch in den Besitz der Papierfabrik Gausenfeld.

Der Konflikt zwischen Guste und Käthchen Zillich

Im *Untertan* finden sich zahlreiche intertextuelle Bezüge und Montagen. Martin Beneke verwies auf eine interessante Parallelität zu den *Nibelungen*.[59]

Das *Nibelungenlied* ist ein Versepos, das uns in mittelhochdeutscher Sprache überliefert ist. Die Nibelungensage selbst ist bedeutend älter als der erhaltene Text. Das Nibelungenlied hat oder besser hatte eine besondere Bedeutung als das Nationalepos der Deutschen. Die Ursprünge des Nibelungenliedes reichen bis in die Völkerwanderungszeit zurück. Ein historischer Kern könnte die Niederschlagung des Burgunderreiches am Mittelrhein gewesen sein. Ebenfalls möglicherweise historische Anleihen sind die Heirat des Hunnen Attila mit einer wahrscheinlich germanischen Braut, sowie in der Merowingerzeit der Streit zwischen Brunichild und Fredegunde.

Im Nibelungenlied geraten zwei Frauen in Streit. Es handelt sich um Kriemhild, die Gattin Siegfrieds, und um Brünhild, die im

---

59 Martin Beneke: Der Nibelungen Not in Netzig - „...wer saß, in der Haltung einer Königin, auf Gustes Stuhl?", in: Heinrich Mann-Jahrbuch 32 / 2014, S. 91-102.

Burgunderreich Königin ist. Es geht um die Frage, welcher ihrer Männer, und damit sie selbst, ranghöher ist. Beide wollen den Streit öffentlich austragen und wollen als Zeichen des Vorrangs beide als erste das Münster zur Abendmesse betreten. Kriemhild erscheint reich gekleidet mit ihrem Gefolge vor dem Münster, aber Brünhild befiehlt ihr stehenzubleiben. Es kommt zu Beleidigungen, worauf Brünhild in Tränen ausbricht und Kriemhild als erste das Münster betritt.

Im weiteren Verlauf wird Siegfried durch Hagen von Tronje, den Gefolgsmann Brünhildes, ermordet. Alles endet später in einem blutigen Gemetzel. Auch Hagen kommt um.

Es ist bestimmt als Satire anzusprechen, wenn ein zum Nationalepos verklärtes Werk, auf das sich der deutsche Nationalismus um 1900 stark bezieht, in das kleine und kleingeistige Netzig mit seinen Ränkespielen übertragen wird.[60]

Als das Denkmal enthüllt werden soll, ist Diederich auf der Spitze seines Erfolges. Da holen ihn seine verborgenen Taten ein, denn neben der mustergültigen Ehe mit Guste, pflegt er ein Verhältnis zur Kleinstadtkurtisane Käthchen Zillich. Diese aber ist auch bei der Denkmalsenthüllung zugegen. Sie hat sich bereits auf den für Guste reservierten Platz gesetzt. Dabei kommt es, ähnlich wie im Nibelungenlied, zu einer Machtprobe.

Nun sie aber anlangten, wer saß, in der Haltung einer Königin, auf Gustes Stuhl? Man war starr: Käthchen Zillich. Hier fühlte Diederich sich denn doch bemüßigt, seinerseits ein Machtwort zu sprechen. „Die Dame hat sich geirrt, der Platz ist nicht für die Dame", sagte er, keineswegs zu Käthchen Zillich, die er für ebenso fremd wie zweideutig zu halten schien, sondern zu dem Aufsichtsbeamten — und hätten ihm auch nicht die menschlichen Laute ringsum recht gegeben, Diederich stand hier für die stummen Gewalten von

---

60 Vgl. ebd., S.93.

Ordnung, Sitte und Gesetz, eher wäre die Tribüne eingestürzt, als daß Käthchen Zillich auf ihr verblieb … Dennoch geschah das Außerordentliche, daß der Beamte unter Käthchens ironischem Lächeln die Achseln zuckte, und selbst der Schutzmann, den Diederich anrief, gab nur einen weiteren unbegreiflichen Stützpunkt ab für den Übergriff der Unmoral. Diederich, betäubt vor einer Welt, deren Betrieb gestört schien, ließ es geschehen, daß Guste abgeschoben ward nach einer Sitzreihe ganz oben, wobei sie mit Käthchen Zillich einige die Gegensätze betonende Worte wechselte. Der Meinungsaustausch griff schon auf Unbeteiligte über und drohte auszuarten: da schmetterte Musik los, der Einzugsmarsch der Gäste auf der Wartburg, und wirklich bezogen sie das offizielle Zelt, voran Wulckow, unverkennbar trotz seiner roten Husarenuniform, zwischen einem Herrn in Frack und Ordensstern und einem hohen General. [61]

Dass Käthchen „wie eine Königin" dort saß, weist direkt auf den Stoff des Nibelungenliedes hin. Die „einige Gegensätze betonende Worte" sind eine ironische Wendung, die darstellen soll, wie tief die Feindschaft zwischen den Frauen ist. Durch Diederichs Empörung haben auch die anderen Zuschauer diesen Skandal mitbekommen. Der Vergleich zu Krimhild und Brünhild drängt sich auf, die vor der Wormser Kirche ebenfalls im Zentrum des Interesses standen.

Käthchen Zillich, die Pastorentochter, die nun als Edelprostituierte arbeitet, residiert vor der Stadt in der ehemaligen Residenz des Majors von Brietzen. Dies deutet auf die Parallelen zu einer Königin hin. Sie ist eine heimliche Monarchin, gleichwohl muss sie außerhalb der Stadtgrenzen leben. Dies ist ein Zeichen der Unehrbarkeit. Will Diederich Käthchen aufsuchen, so muss er die Grenzen seiner Stadt und seiner bürgerlichen Fassade verlassen.

---

61 Der Untertan, S.462-463.

Die Doppelmoral der Netziger Gesellschaft wird durch Käthchen deutlich, denn sie ist zu einer Person geworden, die zugleich bewundert, aber auch verachtet wird.

Die Bedeutung des Theaters bei Heinrich Mann

Das Theater nimmt im Werk Heinrich Manns eine wichtige Stellung ein, so auch im *Untertan*.

Heinrich Mann möchte das Wilhelminische Zeitalter als ein großes Theater darstellen.

An verschiedener Stelle wird in diesem Lektüreschlüssel auf das Theatertopos eingegangen.

„Theater, und nicht mal gut"[62], sagt ein Mann mit Künstlerhut über den Kaiser und wird von Diederich verdroschen. Buck bezeichnet den Schauspieler als Repräsentanten des Zeitalters. Der alte Buck beurteilt den „neuen Typus" als Schauspieler. Buck junior beurteilt die Rede Diederichs vor Gericht in diesem Sinne. Schließlich entscheidet sich Buck junior für die Theaterlaufbahn. Im Roman finden auch Theateraufführungen statt.

Interessanterweise nennt Diederich den Aufzug der Offiziere bei der Denkmalsenthüllung ebenfalls Theater, allerdings ohne dies abschätzig zu meinen. Der Autor hat ihn dies in satirischer Absicht sagen lassen.

... da schmetterte Musik los, der Einzugsmarsch der Gäste auf der Wartburg, und wirklich bezogen sie das offizielle Zelt, voran Wulckow, unverkennbar trotz

---

62 Der Untertan, S. 62.

seiner roten Husarenuniform, zwischen einem Herrn in Frack und Ordensstern und einem hohen General. War es möglich? Noch zwei hohe Generale! Und ihre Adjutanten, Uniformen in allen Farben, Sternenblitzen und ein Wuchs! »Wer ist der Gelbe, der Lange?« forschte Guste innig. »Ist das ein schöner Mann!« – »Wollen Sie mich gefälligst nicht treten!« verlangte Diederich, denn auch sein Nachbar war aufgesprungen, alle verrenkten sich, fieberten und schwelgten. »Sieh sie dir an, Guste! Emmi ist eine Gans, daß sie nicht mitwollte. Das ist das einzige, erstklassige Theater, es ist das Höchste, da kann man nichts machen!« – »Aber der mit den gelben Aufschlägen!« schwärmte Guste. »Der Schlanke! Der muß ein echter Aristokrat sein, das seh ich gleich.« Diederich lachte wollüstig. »Da ist überhaupt keiner dabei, der nicht ein echter Aristokrat ist, darauf kannst du Gift nehmen. Wenn ich dir sage, ein Flügeladjutant Seiner Majestät ist hier!« – »Der Gelbe!« – »Persönlich hier!« [63]

Für das gebildete Bürgertum in Netzig spielt das Theater eine große Rolle. Man will auch mitspielen, wenn Frau von Wulckow ein von ihr selbst verfasstes Theaterstück mit dem Titel „Die heimliche Gräfin" aufführt.

Diederich und Guste besuchen auch den „Lohengrin". Diederich ist ganz begeistert und das zeigt seine kaisertreue und militaristische Einstellung:

Überhaupt ward Diederich gewahr, daß man sich in dieser Oper sogleich wie zu Hause fühlte. Schilder und Schwerter, viel rasselndes Blech, kaisertreue Gesinnung, Ha und Heil und hochgehaltene Banner und die deutsche Eiche: man hätte mitspielen mögen. [64]

Ebenso ist bei Diederich auch eine antisemitische Einstellung zu erkennen:

---

63 Ebd., S. 463.
64 Ebd., S. 347-348.

Ihr Gatte Telramund schien zunächst noch leidlich Komment zu haben, aber eine höchst üble Klatschgeschichte spielte offenbar auch hier mit. Leider war die deutsche Treue, selbst wo sie ein so glänzendes Bild darbot, bedroht von den jüdischen Machenschaften der dunkelhaarigen Rasse.[65]

Die Vorstellung enthält allerlei Komik, denn Diederich verwechselt ständig das Theaterstück mit der aktuellen Politik und Gesellschaft. Als Lohengrin und Elsa sich näherkommen, tauscht auch er mit Guste Zärtlichkeiten aus, die so nicht in ein Theater gehören.

Nach der Vorstellung äußert sich Diederich über sein Kunstverständnis:

Auf dem Heimweg versöhnten sich die Verlobten. »Das ist die Kunst, die wir brauchen!« rief Diederich aus. »Das ist deutsche Kunst!« Denn hier erschienen ihm, in Text und Musik, alle nationalen Forderungen erfüllt. Empörung war hier dasselbe wie Verbrechen, das Bestehende, Legitime ward glanzvoll gefeiert, auf Adel und Gottesgnadentum der höchste Wert gelegt, und das Volk, ein von den Ereignissen ewig überraschter Chor, schlug sich willig gegen die Feinde seiner Herren. Der kriegerische Unterbau und die mystischen Spitzen, beides war gewahrt........

Wer widerstand da? Tausend Aufführungen einer solchen Oper, und es gab niemand mehr, der nicht national war! Diederich sprach es aus: »Das Theater ist auch eine meiner Waffen.« Kaum ein Majestätsbeleidigungsprozeß konnte die Bürger so gründlich aus dem Schlummer rütteln. »Ich habe den Lauer in die Vogtei gebracht, aber wer den ›Lohengrin‹ geschrieben hat, vor dem nehm ich den Hut ab.« Er schlug ein Zustimmungstelegramm an Wagner vor. Guste mußte ihn aufklären, es sei nicht mehr zu machen. Einmal auf so hohem Gedankenflug begriffen, äußerte sich Diederich über die Kunst im allgemeinen. Unter den Künsten gab es eine Rangordnung. »Die höchste ist die Musik, daher ist es die deutsche Kunst. Dann kommt das Drama.«

»Warum?« fragte Guste.

---

65 Ebd., S. 348.

»Weil man es manchmal in Musik setzen kann, und weil man es nicht zu lesen braucht, und überhaupt.«

»Und was kommt dann?«

»Die Porträtmalerei natürlich, wegen der Kaiserbilder. Das übrige ist nicht so wichtig.«

»Und der Roman?«

»Der ist keine Kunst. Wenigstens Gott sei Dank keine deutsche: das sagt schon der Name.«[66]

Diederich möchte also die Kunst ganz in den Dienst seines nationalen Planes stellen. Dass er den Roman ablehnt, rührt wohl daher, dass durch ihn auch revolutionäre Ideen verbreitet werden können. Auch der Begriff *Roman* lässt ihn wohl bei allen seinen Vorurteilen zunächst an Frankreich denken, das ja zur romanischen Welt gehört.

Jadassohn

Wie bereits an anderer Stelle erwähnt ist die Darstellung des Jadassohn nicht unproblematisch, da sie einige antisemitische Klischees erfüllt.

Schon der Name kann negativ gedeutet werden als „Judas", der Jesus verriet. Der Name weist auf eine jüdische Herkunft hin, ähnlich wie bei Warenhausbesitzer Cohn.

Jadassohn wird als frivol beschrieben:

Der andere Herr legte Diederich zunächst große Zurückhaltung auf, denn er sah stark jüdisch aus. Aber der Bürgermeister stellte vor: »Herr Assessor Jadassohn,

---

66 Ebd., S. 353-354.

von der Staatsanwaltschaft« - was dann allerdings eine vollwertige Begrüßung nötig machte.

»Setzen Sie sich nur gleich«, sagte der Bürgermeister, »wir fangen gerade an.« Er schenkte Diederich Porter ein und legte ihm Lachsschinken vor. »Meine Frau und meine Schwiegermutter sind ausgegangen, die Kinder in der Schule, dies ist die Stunde des Junggesellen, prost!«

Der jüdische Herr von der Staatsanwaltschaft hatte vorläufig nur für das Stubenmädchen Augen. Während sie neben ihm am Tisch zu tun hatte, war seine Hand verschwunden. Dann ging sie, und er wollte von öffentlichen Angelegenheiten beginnen, aber der Bürgermeister ließ sich nicht unterbrechen.[67]

Jadassohn machte sich Notizen, und gleichzeitig verschwand seine Hand hinter Fräulein Klappsch. [68]

Jadassohn zeigt sich als streng nationalistisch und kaisertreu. Sein Bekenntnis zum Deutschtum zeigt sich in vielen Bemerkungen:

»Die Weigerung des Magistrats war durchaus undeutsch«, stellte Jadassohn fest. [69]

Interessant ist der Antisemitismus Jadassohns. Im Bestreben, sich zu assimilieren und Karriere zu machen, verleugnet er die eigene Herkunft und gibt sich antisemitisch.

---

67 Ebd., S. 122.
68 Ebd., S. 138.
69 Ebd., S. 125.

Diederich beteuerte, daß die »Netziger Zeitung«, das größte Organ der Stadt, sich im freisinnigen Fahrwasser bewege. »So ein Judenblatt!« sagte Jadassohn. Wohingegen das regierungstreue Kreisblatt in der Stadt fast ohne Einfluß sei.[70]

An anderer Stelle bedient Jadassohn das üble antisemitische Klischee des Zinswuchers:

»Das Unerhörteste«, behauptete Jadassohn, »ist doch, daß Herr Landgerichtsrat Fritzsche sich in dieser Judengesellschaft zeigt: ein Königlicher Landgerichtsrat Arm in Arm mit dem Wucherer Cohn. Wie haißt Cohn«, machte Jadassohn und steckte den Daumen unter die Achsel.[71]

Auch an anderer Stelle äußerst er sich missgünstig über die Juden:

Dann ließ sich Jadassohn, obwohl sein Essen kalt ward, auf eine ausführliche Würdigung des kaiserlichen Charakters ein. Die Philister, Nörgler und Juden mochten an ihm aussetzen, was sie wollten, alles in allem war unser herrlicher junger Kaiser die persönlichste Persönlichkeit, von erfreulicher Impulsivität und ein höchst origineller Denker.[72]

Er zeigt sich unbarmherzig, als der Arbeiter von einem Wachtposten erschossen wird und wendet sich gegen Lauer, da dieser dem Freisinn nahe steht:

Auf den Fabrikanten Lauer, der mit Heuteufel und den anderen Logenbrüdern weitergehen wollte, trat Jadassohn zu, in drohender Haltung. »Einen Augenblick, bitte. Sie äußerten da vorhin, daß hier mit behördlicher Billigung – ich nehme die Herren zu Zeugen, daß dies Ihr Ausdruck war –, also mit

---

70 Ebd., S. 127.
71 Ebd., S. 137.
72 Ebd., S. 130.

behördlicher Billigung jemand totgeschossen sei. Ich möchte fragen, ob das von Ihrer Seite vielleicht eine Mißbilligung der Behörde bedeuten sollte?«

»Ach so«, machte Lauer und sah ihn an. »Mich möchten Sie wohl auch abführen lassen?«[73]

Die literarische Funktion Jadassohns ist sicher auch darin zu sehen, den Wilhelminischen Staat besonders bürokratisch erscheinen zu lassen. Später wird Jadassohn dafür sorgen, dass Lauer wegen Majestätsbeleidigung in Haft muss.

Nicht ohne Ironie ist, dass Jadassohn einen Prozess gegen Lauer anstrengt, weil dieser das oberste deutsche Fürstenhaus als „verjudet" bezeichnet. Das hält er für eine Straftat und zeigt, dass er seine Herkunft verleugnen möchte.

Jadassohn ist ein gesellschaftlicher Aufsteiger, der skrupellos seinen Weg geht.

Die Sozialdemokratie

Die Sozialdemokratie war eine Weltanschauungspartei mit enger Bindung an ihr Sozialmilieu.
Im Untertan wird die Sozialdemokratie als „integrierter, wenn auch nur unwillig geduldeter Teil des Politik- und Institutionengefüges"[74] geschildert. Der Funktionär Napoleon Fischer ist ganz Realpolitiker. Wie Diederich steigt auch er als Politiker auf.
Nachdem Diederich die heimische Papierfabrik übernimmt, kommt es zu einem heftigen Konflikt mit Napoleon Fischer:

---

73 Ebd., S. 142-143.
74 Michaela Maria Müller: Die Sozialdemokratie in Heinrich Manns Roman *Der Untertan,* in: Heinrich Mann-Jahrbuch 25/2007, S.161.

„Ihr Benehmen ist mir schon längst verdächtig! Sie tun Ihren Dienst nicht, sonst hätte ich die beiden Leute nicht abgefaßt."

„Ich bin kein Aufpasser", warf der Mann dazwischen.

„Sie sind ein widersetzlicher Bursche, der die ihm unterstellten Leute an Zuchtlosigkeit gewöhnt. Sie arbeiten für den Umsturz! Wie heißen Sie überhaupt?"

„Napoleon Fischer", sagte der Mann. Diederich stockte.

„Nap—. Auch das noch! Sie sind Sozialdemokrat?"

„Jawohl."

„Dachte ich mir. Sie sind entlassen."

Er wandte sich nach den Leuten um: „Merkt euch das!" — und verließ schroff den Raum. Auf dem Hof lief Sötbier ihm nach. „Junger Herr!" Er war in großer Aufregung und wollte nichts sagen, bevor sie nicht die Tür des Privatkontors hinter sich geschlossen hatten. „Junger Herr," sagte der Buchhalter, „das geht nicht, der Mann ist ein Organisierter." — „Deswegen soll er 'raus", erwiderte Diederich. Sötbier setzte auseinander, daß das nicht gehe, weil dann alle die Arbeit niederlegen würden. Diederich wollte es nicht begreifen. Waren denn alle organisiert? Nein. Nun also. Aber, erklärte Sötbier, sie hatten Furcht vor den Roten, sogar auf die alten Leute war kein Verlaß mehr.

„Ich schmeiß' sie 'raus!" rief Diederich. „Samt und sonders, mit Kind und Kegel!"

„Wenn wir dann nur andere kriegten", sagte Sötbier und sah unter seinem grünen Augenschirm mit einem dünnen Lächeln dem jungen Herrn zu, der vor Zorn gegen die Möbel anrannte. Er schrie:

„Bin ich in meiner Fabrik der Herr oder nicht? Dann will ich doch sehen —"

Sötbier ließ ihn austoben, dann sagte er: „Herr Doktor brauchen dem Fischer gar nichts zu sagen, er geht uns nicht fort, er weiß ja, daß wir davon zu viele Scherereien hätten." [75]

Hier wird deutlich, dass Diederich die Sozialdemokratie direkt mit Umsturz, also Revolution, in Verbindung bringt. Einen Sozialdemokraten will er sofort entlassen. Gleichzeitig wird auch deutlich, welches Gewicht die Gewerkschaften haben, denn obwohl Napoleon Fischer der einzige „Organisierte" im Betrieb ist, reicht die Macht der Gewerkschaft, den ganzen Betrieb stillzulegen. Diederich ist noch wie im Frühkapitalismus davon überzeugt, dass er der Herr in der Fabrik sei, aber es hat sich vieles geändert.

Als Diederich den neuen Holländer nicht bezahlen kann, setzt er auf Fischers Hilfe und lädt Napoleon sogar in sein Haus ein. Napoleon lässt sich auf das Spiel ein und bezeugt, dass der Holländer nichts tauge, was Kienast jedoch nicht gelten lässt. Auffallend ist, wie freundlich Diederich plötzlich zu Napoleon ist und dass dieser mit dem Fabrikbesitzer gemeinsame Sache macht.

Als in Diederichs Fabrik ein 14-jähriges Mädchen an den Maschinen verunglückt, fürchtet Diederich Schadensersatz zahlen zu müssen und bestellt Napoleon zu sich. Er versorgt ihn mit Gerüchten um die Bucks, als Teil der besitzenden Klasse. Und zwar soll der alte Buck gleichzeitig der Vater von Wolfgang und von Guste sein. Fischer freut sich über diesen Agitationsstoff gegen die Mächtigen. Als Gegenleistung verzichtet er auf Schadensersatz gegenüber dem Mädchen und verrät sein eigenes Milieu. Er erscheint hier also als eiskalter Machtpolitiker.

Diederich aber braucht Napoleons Hilfe ein zweites Mal, denn er will Stadtverordneter in Netzig werden.

---

75 Der Untertan, S. 112-113.

„Der Nachmittag gehörte einer schwierigeren Aufgabe. Diederich ließ Napoleon Fischer hinauf in seine Privatwohnung kommen.

„Herr Fischer," sagte er und wies ihm einen Stuhl an, „ich empfange Sie hier und nicht in meinem Bureau, weil den Herrn Sötbier unsere Angelegenheiten nichts angehen. Es betrifft nämlich die Politik."

Napoleon Fischer nickte, als habe er sich dies schon gedacht. Er schien an solche vertraulichen Unterredungen nunmehr gewöhnt, auf Diederichs ersten Wink griff er sogleich in die Zigarrenkiste; er schlug sogar das Bein über. Diederich war weit weniger sicher; er schnaufte — und dann entschloß er sich, ohne Umschweife, mit brutaler Ehrlichkeit auf sein Ziel loszugehen. Bismarck hatte es auch so gemacht.

„Ich will nämlich Stadtverordneter werden," erklärte er, „und dazu brauche ich Sie."

Der Maschinenmeister warf ihm einen Blick von unten zu. „Ich Sie auch", sagte er. „Denn ich will auch Stadtverordneter werden."

„Nanu, na hören Sie mal! Ich war auf manches gefaßt..."

„Sie hatten wohl schon wieder ein paar Doppelkronen in der Hand?" — und der Proletarier fletschte die gelben Zähne. Er versteckte sein Grinsen gar nicht mehr. Diederich begriff, daß in Wahlsachen weniger leicht mit ihm zu reden sein werde als über eine geschundene Arbeiterin. „Nämlich, Herr Doktor," begann Napoleon, „den einen von den beiden Sitzen hat meine Partei bombensicher. Den anderen kriegen wahrscheinlich die Freisinnigen. Wenn Sie die 'rausschmeißen wollen, brauchen Sie uns."

„So weit seh' ich es ein", sagte Diederich. „Ich habe zwar auch den alten Buck für mich. Aber seine Leute sind vielleicht nicht alle so vertrauensselig, daß sie mich wählen, wenn ich mich als Freisinniger aufstellen lasse. Sicherer ist es, ich vertrage mich auch mit Ihnen."

„Und ich hab' auch schon 'ne Ahnung, wieso Sie das machen können", erklärte Napoleon. „Weil ich nämlich schon längst 'n Auge auf Herrn Doktor habe, ob er nun nicht bald in die politische Arena 'reinsteigt."

Napoleon blies Ringe, so sehr war er auf der Höhe!"[76]

Napoleon ist immer auch bereit, die Liberalen zu bekämpfen, wenn dies seinem persönlichen Vorteil dient.

Diederich verwandelt sich in den Kaiser

Am Ende der jeweiligen Kapitel lässt sich die zunehmende Verwandlung Diederichs in den Kaiser selbst beobachten.
So ist am Ende von Kapitel II zu lesen:

Diederich empfand stolze Freude, wie gut er nun schon erzogen war. Die Korporation, der Waffendienst und die Luft des Imperialismus hatten ihn erzogen und tauglich gemacht. Er versprach sich, zu Haus in Netzig seine wohlerworbenen Grundsätze zur Geltung zu bringen und ein Bahnbrecher zu sein für den Geist der Zeit. Um diesen Vorsatz auch äußerlich an seiner Person kenntlich zu machen, begab er sich am Morgen darauf in die Mittelstraße zum Hoffriseur Haby und nahm eine Veränderung mit sich vor, die er an Offizieren und Herren von Rang jetzt immer häufiger beobachtete. Sie war ihm bislang nur zu vornehm erschienen, um nachgeahmt zu werden. Er ließ vermittels einer Bartbinde seinen Schnurrbart in zwei rechten Winkeln hinaufführen.[77]

Die Barttracht des Kaisers ist es also, die es ihm angetan hat. François Haby, hugenottischer Herkunft, war Hoffriseur Kaiser Wilhelm II. Er war jeden Morgen im Schloss zugegen, um sich um den Bart des Kaisers zu

---

76 Der Untertan, S. 321-323.
77 Ebd., S. 100.

kümmern, dessen Enden nach oben reichten. Dazu bedurfte es des Nachts einer speziellen Bartbinde. Dieser Oberlippenbart wurde zur Mode und zum Zeichen der Treue seiner Untertanen, die ihm nacheiferten.

Besonders bizarr wird es am Ende des 5. Kapitels. Offenbar greift der Kaiserkult auch auf privateste Unternehmungen des Untertans über:

„Bevor wir zur Sache selbst schreiten," sagte er abgehackt, *„gedenken wir Seiner Majestät unseres allergnädigsten Kaisers. Denn die Sache hat den höheren Zweck, daß wir Seiner Majestät Ehre machen und tüchtige Soldaten liefern."*

„Oh!" machte Guste, von dem Gefunkel auf seiner Brust entrückt in höheren Glanz. *„Bist — du — das — Diederich?"* [78]

Hier wird der Untertan auf satirische Weise aufs Korn genommen.

Diederichs Verhältnis zum Kaiser ist durch Nachahmung geprägt. Der Kaiser aber imponiert durch seine Uniformen und seine Haltung. Wolfgang Buck ist es überlassen, ein vernichtendes Urteil über den Kaiser und damit ja letztendlich auch über dessen Untertan zu fällen, als er sagt, wer der repräsentative Typus der Zeit genannt werden wird. Diederich meint dies sei der Kaiser.

„Nein", sagte Buck. *„Den Schauspieler."*[79]

---

78 Ebd., S. 361.
79 Ebd., S.206.

Das Vorkommen von Kaiserzitaten bei Diederich ist gut belegt.[80] Es finden sich zum Beispiel folgende Kaiserworte im Roman: „Gegen den inneren Feind", „Die Sozialdemokratie nehme ich auf mich", „Mein Kurs ist der richtige" usw.

Der alte Sötbier übernimmt die Rolle Bismarcks, der ja vom jungen Kaiser verdrängt wurde. So ergeht es auch Sötbier.

Diederich nähert sich im Laufe der Handlung zunehmend seinem Idol an. Dies bestimmt auch die Komposition des Romans. Das zeigen gerade auch die Kapitelschlüsse.

Bezeichnenderweise steht am Schluss des Romans eine Denkmalsenthüllung, bei der Diederich eine Rede hält, die fast nur noch aus Kaiserzitaten besteht.

Der Prozess gegen Lauer ist eines der zentralen Ereignisse des Romans, wobei die Verteidigungsrede Bucks dazu dient, den Typus des Untertans zu charakterisieren. Sie soll hier in Teilen zitiert werden:

Da hackte Sprezius zu. „Herr Verteidiger, ich kann nicht dulden, daß Sie an Worten des Kaisers hier Kritik üben. Wenn Sie damit fortfahren, wird das Gericht Sie in Ordnungsstrafe nehmen."

„Ich füge mich der Anordnung des Herrn Vorsitzenden", sagte Buck, und die Worte wurden in seinem Munde immer runder und gewichtiger. „Ich werde also nicht vom Fürsten sprechen, sondern vom Untertan, den er sich formt; nicht von Wilhelm dem Zweiten, sondern vom Zeugen Heßling. Sie haben ihn gesehen! Ein Durchschnittsmensch mit gewöhnlichem Verstand, abhängig von Umgebung und Gelegenheit, mutlos, solange hier die Dinge schlecht für ihn standen, und von großem Selbstbewußtsein, sobald sie sich gewendet hatten." [...] „Wie er", sagte Buck, „waren zu jeder Zeit viele Tausende, die ihr Geschäft versahen und eine politische Meinung hatten. Was hinzukommt und ihn zu einem neuen Typus macht, ist einzig die Geste: das Prahlerische des Auftretens, die Kampfstimmung einer vorgeblichen Persönlichkeit, das Wirkenwollen um jeden

---

80 Vgl. Peter Sprengel: Kaiser und Untertan. Zur Genese von Heinrich Manns Roman, in: Heinrich Mann-Jahrbuch 10/1992, S.69.

73

Preis, wäre er auch von anderen zu bezahlen. Die Andersdenkenden sollen Feinde der Nation heißen, und wären sie zwei Drittel der Nation. Klasseninteressen, mag sein, aber umgelogen durch Romantik. Eine romantische Prostration vor einem Herrn, der seinem Untertan von seiner Macht das Nötige leihen soll, um die noch kleineren niederzuhalten. Und da es in Wirklichkeit und im Gesetz weder den Herrn noch den Untertan gibt, erhält das öffentliche Leben einen Anstrich schlechten Komödiantentums. Die Gesinnung trägt Kostüm, Reden fallen, wie von Kreuzrittern, indes man Blech erzeugt oder Papier; und das Pappschwert wird gezogen für einen Begriff wie den der Majestät, den doch kein Mensch mehr, außer in Märchenbüchern, ernsthaft erlebt. Majestät ...“ wiederholte Buck, das Wort durchschmeckend, und einige Hörer schmeckten es mit. *Die Leute vom Theater, denen es offenbar mehr auf die Worte als auf den Sinn ankam, legten die Hand an die Ohren und murmelten beifällig. Den anderen sprach Buck zu gewählt, und daß er an keinen Dialekt anklang, befremdete. Aber Sprezius war im Sessel emporgestiegen, er kreischte beutegierig: „Herr Verteidiger, zum letzten Male fordere ich Sie auf, die Person des Monarchen nicht in die Debatte zu ziehen.“* [81]

Buck beschreibt den Untertanen also als Schauspieler, der wirken will. Das Motiv des Theaters, das ja so wichtig für Heinrich Manns Werk war, taucht hier wieder auf.

Das Thema „Kaiser" unterteilt den Roman, es ist also ein Strukturprinzip.

Jeweils am Ende eines Kapitels wird auf den Kaiser Bezug genommen. Im 1. Kapitel erfolgt die erste Begegnung mit dem Kaiser, im 2. dann übernimmt Diederich die Barttracht des Kaisers. Im 3. Kapitel ist Nothgroschen ber die Ähnlichkeit zwischen Heßling und dem Kaiser entsetzt. Im 4. Kapitel kann Diederich nach dem Prozess gegen Lauer überhaupt nicht mehr zwischen sich selbst und dem Kaiser unterscheiden. Am Ende des 5. Kapitels will Diederich für den Kaiser

---

81 Der Untertan, S.237 f.

Kinder zeugen und Guste fällt auf, wie sehr er dem Kaiser ähnelt. Zum Ende hin geht das Kaiserdenkmal (von Wilhelm I.) im Unwetter unter.

Der Majestätsbeleidigungsprozess

Der Majestätsbeleidigungsprozess, in anderem Zusammenhang gerade erwähnt, ist zentrales Element der Handlung. Hier zeigen sich die Macht-und Rechtsverhältnisse im Obrigkeitsstaat. Diederich selbst erweist sich als geschmeidig und skrupellos.
Alles beginnt mit einer Bemerkung des Fabrikbesitzers Lauer unter dem Eindruck der Erschießung des Arbeiters:
Herr Lauer wünschte zu wissen, was die herrschende Kaste vor anderen Leuten eigentlich noch voraus habe. „Nicht einmal die Rasse", behauptete er. „Denn sie sind ja alle verjudet, die Fürstenhäuser einbegriffen." Und er setzte hinzu: „Womit ich meinen Freund Cohn nicht kränken will."

Es war Zeit, einzuschreiten: Diederich fühlte es. Schnell stürzte er noch ein Glas hinunter, dann stand er auf, trat wuchtig bis in die Mitte unter den gotischen Kronleuchter und sagte scharf:

„Herr Fabrikbesitzer Lauer, ich gestatte mir die Frage, ob Sie unter den Fürstenhäusern, die nach Ihrer persönlichen Meinung verjudet sind, auch deutsche Fürstenhäuser verstehen."

Lauer erwiderte ruhig, beinahe freundlich: „Gewiß doch."

„So", machte Diederich, und er schöpfte tief Atem, um zu seinem großen Schlag auszuholen. Unter der Aufmerksamkeit des ganzen Lokals fragte er:

„Und den verjudeten deutschen Fürstenhäusern rechnen Sie auch das eine zu, das ich nicht erst zu nennen brauche?" Triumphierend sagte Diederich dies,

vollkommen sicher, daß nun sein Gegner sich verwirren, stammeln und unter den Tisch kriechen werde. Aber er stieß auf einen nicht vorauszusehenden Zynismus.

„Na ja doch", sagte Lauer.

Jetzt war es an Diederich, die Haltung zu verlieren vor Entsetzen. Er sah umher: ob er denn recht gehört habe. Die Gesichter bestätigten es ihm. Da brachte er hervor, es werde sich zeigen, welche Folgen diese Äußerung für den Herrn Fabrikbesitzer haben werde, und zog sich in leidlicher Ordnung in das befreundete Lager zurück. Gleichzeitig tauchte Jadassohn wieder auf, der verschwunden gewesen war, man wußte nicht wohin.[82]

Diederich und Jadassohn nutzen die Situation aus, um sich zu profilieren. Jadassohn steht am Beginn seiner juristischen Karriere und weiß die Situation zu nutzen. Diederich dagegen wird einen Konkurrenten los, der überdies seine Arbeiter auch noch am Gewinn beteiligt.
Schließlich muss Lauer für 6 Monate ins Gefämgnis und er darf keine öffentlichen Ämter mehr ausüben. Damit gelingt es Diederich, die Familie Buck schwer zu treffen, denn Frau Lauer ist die Schwester des alten Buck.
Diederich bekommt nun Aufträge von der Netziger Zeitung und von Wulckow wird auf ihn aufmerksam. Außerdem kann Diederich endlich dem Kriegerverein beitreten.

Das Thema der Majestätsbeleidigung wird gegen Ende des Romans noch einmal aufgegriffen:

Im Politischen ergab sich für Diederich und Jadassohn ein ähnlich ersprießliches Zusammenwirken wie bei Käthchen; denn gemeinsam beeiferten sie sich, die Stadt von Schlechtgesinnten zu reinigen, besonders von solchen, die die Pest der Majestätsbeleidigungen weiter verbreiteten. Diederich mit seinen vielfachen Beziehungen machte sie ausfindig, worauf Jadassohn sie ans Messer

---

82 Der Untertan, S. 146-147.

lieferte.[83]

Die Denkmalsenthüllung

v

83 Ebd., S. 451.

Weiteres zentrales Element der Handlung ist der Kampf um den Bau eines Denkmales anstatt eines Säuglingheimes. Von Wulckow und Diederich fördern dieses Projekt. Die Enthüllung des Denkmals wird dann als Machtdemonstration der herrschenden Klassen inszeniert (hier liegt wieder das Theatermotiv vor), wobei Diederich schmerzhaft seine eigenen Grenzen erfährt, denn er darf nicht in der ersten Reihe sitzen, denn er ist Zivilist und nicht von Adel.

Aber Diederich ist auf der Höhe seiner Macht angelangt und er darf eine Rede halten.

Der Regierungspräsident von Wulckow lässt Diederich gönnerhaft durch einen Schutzmann herbeirufen:

Na, nu kommse man ran... .[84]

In seiner Rede zeigt sich Diederich absolut kaisertreu. Frankreich wird als Erbfeind tituliert und sowieso als Ursprung aller Probleme gesehen. Die weltgeschichtliche Aufgabe der Deutschen wird betont. Die Rede enthält durchaus komische Elemente, so als Diederich auf die Rolle der Seefahrt zu sprechen kommt:

...denn das Weltgeschäft ist heute das Hauptgeschäft! [85]

Am Kaiser könne man sich *"efeuartig"* emporranken.[86]

..." Auch der einfache Mann aus der Werkstatt ist willkommen!" fügte er wieder aus dem Stegreif hinzu, jäh inspiriert durch den Geruch des schwitzenden Volkes hinter dem Militärkordon; denn der Wind, der aufkam, trug ihn her. [87]

Diederich behauptet, in Frankreich

...trachtete man nach nichts als nach Theaterwirkung, trieb ruhmrediger Pomp mit der vergangenen Heldenepoche, und der einzige Gipfel, den man wirklich

---

84   Ebd., S. 465.
85   Ebd., S. 466.
86   Vgl. ebd., S. 466.
87   Ebd., S. 466.

*erreichte, war der des Chauvinismus ... „Von all dem wissen wir nichts!" rief
Diederich...*[88]

Hier also wieder das Theater, aber ironisch gebraucht. Denn Theater
spielen ja die Herren bei der Denkmalsenthüllung und eben Diederich
und sein Kaiser. Und Chauvinismus, also die Verachtung anderer
Nationen, betreibt ja gerade Diederich.

Begleitet wird die Rede von einem aufziehenden schweren Gewitter,
wobei Diederich und die Zuhörer in Unruhe geraten:

*„Wenn jetzt die Hülle fällt," begann er mit neuem Schwung, „wenn zum Gruß
die Fahnen und Standarten sich neigen, die Degen sich senken und Bajonette im
Präsentiergriff blitzen —" Da krachte es im Himmel so ungeheuerlich, daß
Diederich sich duckte und, bevor er es sich versah, unter seinem Pult hockte.
Zum Glück kam er wieder hervor, ohne daß sein Verschwinden bemerkt worden
wäre, denn allen war es ähnlich ergangen. Kaum daß noch jemand hörte, wie
Diederich Seine Exzellenz den Herrn Oberpräsidenten bat, er möge geruhen zu
befehlen, daß die Hülle falle.* [89]

Das sich entwickelnde Gewitter begleitet die ganze Rede wie ein böses
Omen. Es ist, als sei der Himmel erzürnt über die Aussagen Diederichs.
Und dann gerät die ganze Veranstaltung zum Chaos:

*Bevor noch die Herren sich umgedreht hatten, standen sie im Wasser bis an die
Knöchel, Seiner Exzellenz lief es aus Ärmeln und Hosen. Die Tribünen
verschwanden hinter Stürzen Wassers, wie auf fern wogendem Meer erkannte
man, daß die Zeltdächer sich gesenkt hatten unter der Wucht des
Wolkenbruches, in ihren nassen Umschlingungen wälzten links und rechts sich
schreiende Massen. Die Herren Offiziere machten gegen die Elemente von der
blanken Waffe Gebrauch, durch Schnitte in das Segeltuch bahnten sie sich den
Ausweg. Das Zivil gelangte nur als graue Wickelschlange hinab, die mit wilden
Zuckungen im überschwemmten Gelände badete. Unter solchen Umständen sah
der Oberpräsident es ein, daß der weitere Verlauf [513]des Festprogramms aus*

88 Ebd., S. 468-469.
89 Ebd., S. 470-471.

Zweckmäßigkeitsgründen zu unterbleiben habe. Blitzeumlodert und wasserspritzend wie ein Springbrunnen, trat er einen beschleunigten Rückzug an, und ihm nach der Flügeladjutant, die beiden Divisionsgenerale, Dragoner, Husaren, Ulanen und Train. Unterwegs erinnerten Seine Exzellenz sich des noch immer an ihrem Finger hängenden Ordens für den geistigen Schöpfer, und pflichttreu bis zum Äußersten, aber bestrebt, jeden Aufenthalt zu vermeiden, händigten sie ihn, laufend und wasserspritzend, dem Präsidenten von Wulckow aus. [90]

Diederich erhält dann auf äußerst unwürdige Weise seinen Orden:

Wulckow seinerseits begegnete einem Schutzmann, der den Ereignissen noch standhielt, und betraute ihn mit der Übergabe der Allerhöchsten Auszeichnung, worauf der Schutzmann durch Sturm und Grausen irrte, auf der Suche nach Diederich. Schließlich fand er ihn unter dem Rednerpult im Wasser hockend. „Da hamse 'n Willemsorden", sagte der Schutzmann und machte, daß er weiterkam, denn gerade schlug ein Blitz ein, so nahe, als sollte er die Verleihung des Ordens verhindern. Diederich hatte nur geseufzt. [91]

Dies zeigt deutlich, welchen geringen Stellenwert Diederich für die politische Klasse hat.

---

90 Ebd., S. 471-472.
91 Ebd., S. 472.

Analyse

Die Erzählsituation:

Wir unterscheiden nach Stanzel[92] die Erzählsituationen auktorial, personal und Ich-Erzähler.

Auktorial: Der Erzähler tritt als Vermittler der Geschichte in den Vordergrund. Er ist allwissend.
Personal: Das Geschehen wird von einer Person geschildert, die selbst im Text vorkommt. Der Erzähler ist nicht allwissend. Er weiß zum Beispiel nicht, was andere denken oder an anderen Orten gerade tun.
Ich-Erzähler: Der Erzähler ist mit der Hauptfigur der Erzählung meist identisch. Der Ich-Erzähler kann mehr oder weniger am Geschehen beteiligt sein. Typisch sind: Direkte Rede, Darstellung von Gefühlen, Darstellung von Meinungen.

Im ersten Kapitel liegt eine auktoriale Erzählhaltung vor.
Im weiteren Verlauf des Romans haben wir es dagegen mit einer personalen Erzählsituation zu tun. Beispiele sind die Übernahme der Fabrik[93], der Besuch bei von Wulckow[94] oder das Gespräch mit dem alten Buck.[95]
Der Leser erfährt das Geschehen aus der persönlichen Perspektive Diederichs. Allerdings macht sich hierbei der Erzähler durchaus bemerkbar, da Diederichs Gedanken satirisch gezeichnet werden. Hier sei besonders die erlebte Rede[96] zu erwähnen.
Der Erzähler bedient sich der Perspektive des Untertans, um ihn als solchen zu entlarven. Dabei benutzt der Erzähler ständig die Ironie, um

---

92 Es handelt sich um das Modell von Franz Karl Stanzel, das jedoch umstritten ist.
93 Vgl. Der Untertan, S. 105-107.
94 Vgl. ebd., S. 329-331.
95 Vgl. ebd., S. 298-302.
96 Der Erzähler gibt die Gedanken der Figur wieder.

Diederich zu demaskieren. Die ist beispielsweise der Fall, wenn Diederich in einen Tümpel fällt, als er seinem Kaiser huldigen will.

Erzählzeit:

Vor allem zu Beginn des Romans ist der Unterschied zwischen Erzählzeit und erzählter Zeit groß. So wird Diederichs Kindheit auf etwa 3 Seiten abgehandelt.
Eine starke Übereinstimmung von Erzählzeit und erzählter Zeit findet sich bei den szenischen Darstellungen, also etwa bei der Denkmalsenthüllung.
Letztendlich bleibt aber festzuhalten, dass die erzählte Zeit die Erzählzeit übertrifft.
Die Geschichte umfasst einen Zeitraum von etwa 8 Jahren. Die Handlung beginnt, als Bismarck noch Reichskanzler ist, aber durch den neuen Kaiser bereits verdrängt wird, also im Frühjahr 1890. Die Handlung endet mit der Enthüllung des Denkmals für Kaiser Wilhelm I. im Sommer 1897. Im Kontext werden zahlreiche historische Personen genannt, so Eugen Richter[97], der Hofprediger Stöcker[98] und Ferdinand Lassalle.[99] Auch die politischen Auseinandersetzungen um die Militärvorlage von 1893[100] und die Umsturzvorlage im Jahr 1895 werden genannt.[101]

---

97 Eugen Richter war Abgeordneter und Führer der Freisinnigen Volkspartei. Er war ein Gegner Bismarcks. Er trat für einen Manchesterkapitalismus ein.

98 Adolf Stoecker (1835-1909) war ein evangelischer deutscher Theologe und Politiker. Seine Christlich-Soziale Partei (CSP) war antikapitalistisch, antiliberal und antisemitisch. Er war Hofprediger am Berliner Dom.

99 Ferdinand Lassalle (1825-1864) war Gründer des Allgemeinen Deutschen Arbeitervereins, des Vorläufers der SPD.

100 Militärvorlage: Sie sah die Heraufsetzung der Heeresstärke, aber die Kürzung der Dienstzeit auf 2 Jahre vor und war heftig umstritten.

101 Die sogenannte Umsturzvorlage sollte sich gegen die Sozialdemokraten richten. Dazu sollten unter anderem Eingriffe in die Pressefreiheit erfolgen. Der Reichstag lehnte die Vorlage ab.

Satire

Zweck der Satire ist es, Personen oder Zustände zu kritisieren oder zu verspotten. Die Satire arbeitet üblicherweise mit Übertreibungen und Untertreibungen. Oft ist die Satire eine Kritik gegen die Repräsentanten der Macht, gerade in den Feldern Politik, Gesellschaft und Kultur. Unter Satire kann Folgendes verstanden werden:

1) Die satirische Darstellungsweise in den verschiedensten Medien (Literatur, Hörfunk, Film, Kabarett, Karikatur usw.)
2) Eine literarische Gattung (z.B. Spießbürgersatire der Romantik)
3) ein künstlerisches Werk, wie ein bestimmtes Buch.

Es ist schwierig, Satire von Komik oder Polemik abzugrenzen. Satire kann mehrere Funktionen haben, wie Kritik oder Didaktik.
Sie verwendet häufig die Übertreibung und gibt ihren Gegenstand der Lächerlichkeit preis.
Zu ihren Stilmitteln gehören zum Beispiel Persiflage[102] und Parodie, das alles gewürzt mit Ironie, Spott und Sarkasmus.
Zur Geschichte: Die Satire ist bereits in der Antike bekannt. Im Deutschland des Mittelalters wäre *Till Eulenspiegel*[103] zu nennen. Till gibt sich dumm, aber er ist gerissen und spielt den Menschen Streiche. Zu den bekanntesten satirischen Romanen des Barock gehört der *Simplicissimus Teutsch*.[104] Er steht in der satirisch-komischen Tradition des Schelmenromans. In der Romantik werden die braven Spießbürger satirisch veräppelt, so etwa bei Eichendorff.

Es handelt sich bei dem *Untertan* um einen satirischen Roman, aber nicht alle Figuren werden der Satire unterworfen. Gerade der alte Buck, der im Grunde die politischen Vorstellungen des Autors vertritt, wird von der Satire ausgenommen, genau so wie zum Beispiel Agnes.

---

102 Verdrehung von Inhalten und Motiven.
103 Erschienen 1510.
104 Hans Jakob Christoffel von Grimmelshausen: Der Abentheuerliche
   Simplicissimus Teutsch. Erschienen 1668.

Heinrich Mann zeigt die Entwicklung seines Protagonisten Diederich so, „daß er sie in enger Parallelführung zum verbürgten Erscheinungsbild Wilhelm II. entwickelt."[105]

Ein Beispiel für satirisches Erzählen findet sich zum Beispiel in einer Episode bei der Neuteutonia. Der gutmütige Delitzsch, ein sächselnder Konkneipant, fällt beim Trinken tot vom Stuhl:

Und mit allen anderen fühlte Diederich sich gehoben durch Delitzsch' treue Pflichterfüllung, durch seinen Tod auf dem Felde der Ehre. Mit Stolz folgten sie dem Sarge; „Neuteutonia sei's Panier", stand in jeder Miene. Auf dem Friedhof, die umflorten Schläger gesenkt, hatten alle das in sich vertiefte Gesicht des Kriegers, den die nächste Schlacht dahinraffen kann, wie die vorigen den Kameraden; und was der erste Chargierte von dem Geschiedenen rühmte: er habe in der Schule der Mannhaftigkeit und des Idealismus den höchsten Preis errungen, das erschütterte jeden, als gälte es ihm selbst. [106]

Der Vergleich zwischen militärischem Heldentum und dem stupiden Vorgang des Sichbetrinkens wirkt komisch. Der Erzähler gibt die Kneipanten der Lächerlichkeit preis.
Die „treue Pflichterfüllung" Delitzschs bestand im regelmäßigen Leeren seines Bierglases. Dass die Neuteutonen Stolz empfinden und sich wie Krieger fühlen, ist angesichts der Vorkommnisse geeignet, zu zeigen, wie hohl das allzumännliche Imponiergehabe dieses Männerbundes ist.

Gerade auch der Militarismus und die Anbiederung der Bürgerlichen an den Adel wird satirisch beleuchtet. Diederich unterhält sich mit dem Korpsbruder Wiebel, der immer von einem adligen Verwandten berichtet.

„Die Sozialdemokratie nehme ich auf mich, hat der Kaiser gesagt." Wiebels Augen drohten katerhaft. „Nun, was wollen Sie mehr? Das Militär ist darüber

---

105 Karl Riha: „Dem Bürger fliegt vom spitzen Kopf der Hut." Zur Struktur des satirischen Romans bein Heinrich Mann, in: Text + Kritik 1986, S. 50.
106 Der Untertan, S.38.

instruiert, es könne vorkommen, daß es auf die lieben Verwandten schießen muß. Also? Ich kann Ihnen mitteilen, mein Lieber, wir stehen am Vorabend großer Ereignisse."

Da Diederich erregte Neugier zeigte:

„Was ich durch meinen Vetter von Klappke —."

Wiebel machte eine Pause. Diederich zog die Absätze zusammen:

„— in Erfahrung gebracht habe, ist noch nicht für die Öffentlichkeit reif. Ich will nur bemerken, daß der gestrige Ausspruch Seiner Majestät, die Nörgler möchten gefälligst den deutschen Staub von ihren Pantoffeln schütteln, eine verteufelt ernst zu nehmende Warnung war."[107]

Schon bei der Erwähnung des angeblichen Gardeoffiziers von Klappke schlägt Diederich die Hacken zusammen. Seine Verehrung von Rang und Uniform äußert sich in dieser schnellen militärischen Geste. Dabei weiß Diederich längst, dass es sich nur um einen niederrangigen Zahlmeister handelt.

Die Theaterdilettantin Frau Regierungspräsidentin von Wulckow, die ein wahrhaft miserables Stück geschrieben hat, hält sich für eine große Dichterin.[108]

Voller Ironie ist die Szene, als Diederich und Buck sich betrinken. Buck gibt ihm stets die Stichworte, worauf Diederich begeistert einfällt. Dass Buck sich über ihn lustig macht, das bemerkt er nicht. Sprachlich interessant ist, dass es zu zahlreichen Ellipsen (Auslassungen) kommt, so dass die Worte Diederichs wie die eines verrückt Gewordenen klingen.

Aber Diederich war verstohlen mit seinem Stuhl davongerückt und spähte umher, ob niemand höre. „Sie sind ja besoffen," murmelte er; und um die

---

107 Ebd., S. 58.
108 Vgl. ebd., S. 275.

Situation zu retten, rief er: „Herr Rose! Noch eine Flasche!" Darauf setzte er sich achtunggebietend zurecht.

„Sie scheinen nicht daran zu denken, daß seitdem ein Bismarck da war!"

„Nicht nur einer", sagte Buck. „Von allen Seiten ist Europa in diesen nationalen Durchgang getrieben worden. Nehmen wir an, er war nicht zu vermeiden. Nach ihm werden bessere Gefilde kommen ... Aber seid ihr eurem Bismarck etwa gefolgt, solange er im Recht war? Ihr habt euch zerren lassen, ihr habt mit ihm im Konflikt gelebt. Erst jetzt, da ihr über ihn hinaus sein solltet, hängt ihr euch an seinen kraftlosen Schatten! Denn euer nationaler Stoffwechsel ist entmutigend langsam. Bis ihr begriffen habt, daß ein großer Mann da ist, hat er schon aufgehört, groß zu sein."

„Sie werden ihn kennenlernen!" verhieß Diederich. „Blut und Eisen bleibt die wirksamste Kur! Macht geht vor Recht!" Der Kopf schwoll ihm rot an bei diesen Glaubenssätzen. Aber auch Buck regte sich auf.

„Die Macht! Die Macht läßt sich nicht ewig auf Bajonetten davontragen wie eine aufgespießte Wurst. Die einzige reale Macht ist heute der Friede! Spielt euch die Komödie der Gewalt vor! Prahlt gegen eingebildete Feinde draußen und im Innern! Taten, glücklicherweise, sind euch nicht erlaubt!"

„Nicht erlaubt?" Diederich blies, als sollte Feuer kommen. „Seine Majestät hat gesagt: Lieber lassen wir unsere gesamten achtzehn Armeekorps und zweiundvierzig Millionen Einwohner auf der Strecke..."

„Denn wo der deutsche Aar —!" rief Buck, mit jähem Schwung; und noch wilder: „Nicht Parlamentsbeschlüsse! Die einzige Säule ist das Heer!"

Diederich gab ihm nichts nach. „Ihr seid berufen, mich in erster Linie vor dem äußeren und inneren Feind zu schützen!"

„Einer hochverräterischen Schar zu wehren!" schrie Buck.

„Eine Rotte von Menschen —"

Diederich fiel ein: „– nicht wert, den Namen Deutsche zu tragen!"

Und beide einstimmig: „Verwandte und Brüder niederschießen!"

Tänzer, die sich am Büfett erfrischten, wurden aufmerksam auf ihr Geschrei, sie holten auch ihre Damen herbei, um ihnen den Anblick eines heldenhaften Rausches zu verschaffen. Sogar die Kartenspieler streckten die Köpfe herein; und alle bestaunten Diederich und seinen Partner, die auf ihren Stühlen schwankend und an den Tisch geklammert mit glasigen Augen und entblößten Gebissen einander starke Worte ins Gesicht schleuderten.

„Einen Feind, und der ist mein Feind!"

„Einer nur ist Herr im Reich, keinen anderen dulde ich!"

„Ich kann sehr unangenehm sein!"

Die Stimmen überschlugen sich.

„Falsche Humanität!"

„Vaterlandslose Feinde der göttlichen Weltordnung!"

„Müssen ausgerottet werden bis auf den letzten Stumpf!"

Eine Flasche flog gegen die Wand.

„Zerschmettere ich!"

„Deutschen Staub!... Pantoffeln!... Herrliche Tage!"

Hier glitt durch die Zuschauer ein Wesen mit verbundenen Augen: Guste Daimchen, die sich auf diese Weise einen Herrn suchen sollte. Von rückwärts betastete sie Diederich und wollte ihn zum Aufstehen bewegen. Er machte sich steif und wiederholte drohend: „Herrliche Tage!" Sie riß das Tuch herunter, starrte ihn angstvoll an und holte seine Schwestern. Auch Buck sah ein, daß es angezeigt sei, aufzubrechen. Unauffällig stützte er den Freund beim Abgang, konte aber nicht verhindern, daß Diederich in der Tür sich nochmals umwandte, der tanzenden, gaffenden Menge zu, gebieterisch aufgereckt, wenn auch verglast und ohne Blitzen.

„Zerschmettere ich!"

Dann ward er hinunter und in den Wagen befördert.[109]

Ironisch wirkt auch, dass Diederich Bismarck- und Kaiserworte verwendet, die ihn jedoch als kriegslüsternen Machtmenschen entlarven, wie „Blut und Eisen" oder „Verwandte und Brüder niederschießen." Dass der letztgenannte Ausdruck im Duett zum Besten gegeben wird, gibt Diederich der Lächerlichkeit preis, denn Buck macht ja nur mit, um ihn zu täuschen.

Satire ist auch die Erwähnung der Produktion von gewissen Papierprodukten, die jeder in Händen hält:

Man war »fertig«, war Doktor! Man füllte im bürgerlichen Leben eine Stellung aus, war reich und von Wichtigkeit: Chef einer mächtigen Fabrik von Ansichtskarten oder Toilettenpapier. Was man mit seiner Lebensarbeit schuf, war in tausend Händen.[110]

In Italien geriert sich Diederich als persönliche Leibwache des Kaisers. Das Ganze wirkt lächerlich und auch die anwesenden Polizisten machen sich über ihn lustig:

Die Wächter führten ihn ab, nicht ohne vor Diederich zu salutieren, der nur noch Zeit hatte, sich von seinem Freunde, dem Portier, abbürsten zu lassen. Denn schon war der Kaiser gemeldet; Diederichs persönlicher Dienst begann wieder.

Sein Dienst führte ihn rastlos umher bis in die Nacht und endlich vor das Gebäude der deutschen Botschaft, wo Seine Majestät Empfang hielt. Ein

---

109 Ebd., S. 319-321.
110 Ebd., S. 34.

längerer Aufenthalt des Allerhöchsten Herrn gab Diederich Gelegenheit, beim nächsten Wirt seine Stimmung zu erhöhen. Er erklomm vor der Tür einen Stuhl und richtete an das Volk eine Ansprache, die von nationalem Geiste strotzte und der schlappen Bande die Vorzüge eines strammen Regiments klarmachte und eines Kaisers, der kein Schattenkaiser war ... Sie sahen ihn, rot überstrahlt vom Licht der offenen Becken, die vor dem Palaste des Deutschen Reiches loderten, auf seinem Stuhl den eckig behaarten Mund aufreißen, sahen ihn blitzen und wie von Eisen starren – was ihnen offenbar genügte, um ihn zu verstehen, denn sie jubelten, klatschten und ließen den Kaiser leben, sooft Diederich ihn leben ließ. Mit einem Ernst, der nicht ohne Drohung war, nahm Diederich für seinen Herrn und die furchtbare Macht seines Herrn die Huldigungen des Auslandes entgegen, worauf er von dem Stuhl herabkletterte und wieder zum Wein ging.[111]

Satirisch auch die Schilderung von nationalem Pathos und handfesten eigenen Interessen. Kühnchen will Rektor werden.

Aber auch Kühnchen, der längst nicht mehr hurra schrie, meldete sich. Die beiden anderen hatten ihn, während sie selbst sprachen, nur mit Gewalt auf seinem Sitz festgehalten; kaum daß sie ihn losließen, riß er stürmisch die Debatte an sich. Wo mußte die nationale Gesinnung vor allem wurzeln? In der Jugend? Wie aber war das möglich, wenn der Rektor des Gymnasiums ein Freund des Herrn Buck war. „Da kann ich mir die Schwindsucht an den Hals reden von unseren glorreichen Taten im Jahre siebzig..." Genug, Kühnchen wollte Rektor werden, und Diederich bewilligte es ihm großmütig.[112]

Diederich müht sich auch, seine Arbeiter zu erziehen und zu diesem Zweck nutzt er ausgerechnet Toilettenpapier:

An den geeigneten Orten ließ er ein in Gausenfeld selbst erzeugtes Papier aufhängen, bei dessen Benutzung niemand umhin konnte, die moralischen oder staatserhaltenden Maximen zu beachten, mit denen es bedruckt war. Zuweilen hörte er die Arbeiter einen von hoher Stelle stammenden Ausspruch einander

111 Ebd., S. 369.
112 Ebd., S.378.

zurufen, von dem sie auf diesem Wege überzeugt worden waren, oder sie sangen ein patriotisches Lied, das sich ihnen bei derselben Gelegenheit eingeprägt hatte. Ermutigt durch diese Erfolge, brachte Diederich seine Erfindung in den Handel. Sie trat unter dem Zeichen „Weltmacht" auf, und wirklich trug sie, wie eine großzügige Reklame es verkündete, deutschen Geist, gestützt auf deutsche Technik, siegreich durch die Welt. [113]

Diese lustige Episode entsteht durch den starken Kontrast zwischen Toilettenpapier – moralische Maximen bzw. Weltmacht.

Dass Diederich keineswegs ein sozial denkender Firmenpatriarch ist, zeigt sich bei folgender Begebenheit:

Alle Konfliktsstoffe zwischen Herrn und Arbeitern konnten auch diese erzieherischen Papiere nicht entfernen. Eines Tages sah Diederich sich veranlaßt, bekanntzugeben, daß er vom Versicherungsgeld nur Zahnbehandlung, nicht aber auch Zahnersatz bezahlen werde. Ein Mann hatte sich ein ganzes Gebiß verfertigen lassen! Da Diederich sich auf seine, freilich erst nachträglich erlassene Bekanntmachung berief, prozessierte der Mann und bekam abenteuerlicherweise sogar recht. Hierdurch in seinem Glauben an die herrschende Ordnung erschüttert, ward er zum Aufwiegler, verkam sittlich und wäre unter anderen Umständen unbedingt entlassen worden. So aber konnte Diederich sich nicht entschließen, das Gebiß, das ihn teuer zu stehen kam, dahinzugeben, und behielt daher auch den Mann ... [114]

Dass sich Diederich verwundert, dass nachträglich geänderte Bedingungen vor Gericht nicht gelten, wirkt komisch und das um so mehr, dass nun sein Glauben an die herrschende Ordnung erschüttert ist.

Dann auch wieder die Verbindung zwischen Toilettenpapier und Weltmacht:

Die Flotte, für deren Ausbau die geniale Propaganda unseres genialen Kaisers unermüdlich wirkte, tat uns bitter not, und unsere Zukunft lag tatsächlich auf

---

113 Ebd., S. 434.
114 Ebd., S. 434.

90

dem Wasser, diese Erkenntnis gewann immer mehr an Boden. Rings um den Stammtisch griff die Idee der Flotte Platz und ward zur lodernden Flamme, die, immer neu mit deutschem Wein genährt, ihrem Schöpfer huldigte. Die Flotte, diese Schiffe, verblüffende Maschinen bürgerlicher Erfindung, die, in Betrieb gesetzt, Weltmacht produzierten, genau wie in Gausenfeld gewisse Maschinen ein gewisses »Weltmacht« benanntes Papier produzierten, sie lag Diederich mehr als alles am Herzen, und Cohn wie Heuteufel wurden dem nationalen Gedanken vor allem durch die Flotte gewonnen. Eine Landung in England war der Traum, der unter den gotischen Gewölben des Ratskellers nebelte. Die Augen funkelten, und die Beschießung Londons ward verhandelt. Die Beschießung von Paris war eine Begleiterscheinung und vollendete die Pläne, die Gott mit uns vorhatte. Denn »die christlichen Kanonen tun gute Arbeit«, wie Pastor Zillich sagte. Nur Major Kunze bezweifelte dies, er erging sich in den düstersten Voraussagen. Seit er, Kunze, von dem Genossen Fischer besiegt worden war, hielt er jede Niederlage für möglich. Aber er blieb der einzige Nörgler. Wer am meisten triumphierte, war Kühnchen. Die Taten, die der schreckliche kleine Greis einst im großen Krieg vollführt hatte, jetzt endlich, ein Vierteljahrhundert später, fanden sie ihre wahre Bestätigung in der allgemeinen Gesinnung. »Die Saat«, sagte er, »die wir dunnemals gesät haben, na nu geht se auf. Daß meine alten Augen das noch sehen dürfen!« – und dann schlief er ein bei seiner dritten Flasche.[115]

Die Idee der Flotte wird mit „deutschem Wein" genährt. Dass der Wein selbst auch deutsch sein muss, zeugt vom engstirnigen Denken der Stammtischbrüder. Und dass überhaupt der Alkohol die Pläne dieser Männer befeuert, zeigt, dass es sich bloß um Maulhelden handelt. Interessant der Vergleich der Flotte mit den Maschinen der Unternehmer, auch mit dem Hinweis, dass die Schiffe eine bürgerliche Erfindung seien. Die Flotte produziert „Weltmacht", so als wäre dies einfach eine Frage der Produktion und Weltmacht, ein Abstraktum, etwas Greifbares. Der Vergleich mit dem Toilettenpapier der Marke „Weltmacht" gibt die hochtrabenden Pläne der Lächerlichkeit preis. Dass die Beschießung Londons verhandelt wird, als befände man sich als General am Kartentisch, zeugt von den Allmachtsphantasien der tapferen Zecher.

---

115 Ebd., S. 448-449.

Kühnchen freut sich über die aufgehende Saat der nationalen Gesinnung. Hier ist eine deutliche Kritik am Militarismus versteckt. Dass Kühnchen erneut einschläft, zeigt wieder, dass er eben nur mit großen Worten „kühn" sein kann.

Von zentraler Bedeutung innerhalb der Handlung ist der Bau eines Kaiser-Wilhelm-Denkmals.

Diederich setzt sich, wie bereits erwähnt, sehr für dessen Aufbau ein. Heraus kommt ein Gebilde von monumentaler Lächerlichkeit, die auch Diederich und sein nationales Pathos verulken:

Die Adler setzten flügelschlagend ihre Krallen in den noch leeren Sockel, andere Exemplare nisteten wieder auf jenen, die Rundbänke symmetrisch unterbrechenden Tempeln; dort holten aber auch Löwen zum Sprung aus nach dem Vordergrund, wo ohnehin Aufregung genug herrschte durch flatternde Fahnen und heftig agierende Menschen. Napoleon der Dritte, in der geknickten Haltung von Wilhelmshöhe die Rückwand des Sockels zierend, als Besiegter hinter dem Triumphwagen, war überdies immer in Gefahr, von einem Löwen angefallen zu werden, der gerade hinter ihm, auf der Treppe des Monuments, seinen schlimmsten Buckel machte – wohingegen Bismarck und die anderen Paladine, mitten im Tierkäfig wie zu Hause, vom Fuß des Sockels mit allen Händen hinauflangten, um mit anzugreifen bei den Taten des noch abwesenden Herrschers. [116]

Der Löwe, der einen Buckel wie eine Hauskatze zeigt, wirkt komisch. Bismarck und seine Paladine sind also höchst unpassend in einem Tierkäfig „wie zu Hause".

Mit viel Ironie wird auch das Schaffen eines national gesinnten Künstlers skizziert, der auch das Kaiser-Wilhelm-Denkmal entwarf:

Als er das erstemal von Berlin nach Netzig zurückkehrte, trug er noch eine Samtjacke und zog der Familie nur Unannehmlichkeiten zu; aber bei seinem zweiten Besuch besaß er schon einen Zylinder, und nicht lange, so ward er von Seiner Majestät entdeckt und durfte für die Siegesallee das wohlgetroffene Bildnis des Markgrafen Hatto des Gewaltigen schaffen, nebst den Bildnissen

---

116 Ebd., S. 454-455.

seiner beiden bedeutendsten Zeitgenossen, des Mönches Tassilo, der an einem Tage hundert Liter Bier trinken konnte, und des Ritters Klitzenzitz, der die Berliner roboten lehrte, wenn sie ihn dann auch hängten. Auf die Verdienste des Ritters Klitzenzitz hatten Seine Majestät den Oberbürgermeister noch besonders aufmerksam gemacht, was wieder günstig zurückgewirkt hatte auf die Karriere des Bildhauers. Man konnte nicht Zuvorkommenheit genug haben für einen Mann, auf dem ein unmittelbarer Strahl der Gnadensonne lag; Diederich stellte ihm sein Haus zur Verfügung, er mietete ihm auch das Reitpferd, das der Künstler brauchte, um seine Kräfte spielen zu lassen – und welche Aussichten, als der berühmte Gast die ersten Zeichenversuche des kleinen Horst vielversprechend nannte! Diederich bestimmte stehenden Fußes Horst der Kunst, dieser so zeitgemäßen Laufbahn.[117]

Die historischen Persönlichkeiten, die der Künstler verewigt hat, sind reine Fiktion, aber sie verfügen über Eigenschaften, die alles andere als heldenhaft sind, wie der Mönch Tassilo, der 100 Liter Bier an einem Tag trinken konnte. Der Ritter Klitzenzitz, der einen lustigen Namen trägt, hat die Berliner das Roboten gelehrt. Roboten ist der österreichische Ausdruck für Fronarbeit, also offensichtlich auch nicht gerade eine soziale Errungenschaft, die nach der Errichtung eines Denkmals verlangt, um hier auch einmal ironisch zu werden.

Wir wissen, dass Diederich die Künstler suspekt sind und während der Proteste in Berlin hatte er auch einen Mann mit Künstlerhut verprügelt, nun aber will er den kleinen Horst der Künstlerlaufbahn bestimmen, weil dieser Künstler meint, dessen Zeichenversuche seien vielversprechend. Und Diederich, ganz der gewohnte Wendehals hält die Kunst plötzlich für eine zeitgemäße Laufbahn.

Satirisch dargestellt wird auch die Rolle der Uniform, der im Kaiserreich ein besonderer Wert zugemessen wurde:
Sie, die einzige wirkliche Ehre, gebrach ihm nun einmal, und Diederich mußte auch hier wieder bemerken, daß man ohne Uniform, trotz sonstiger Erstklassigkeit, doch mit schlechtem Gewissen durchs Leben ging.[118]

---

117 Ebd., S. 457-458.
118 Ebd., S. 462.

Auch Regierungspräsident von Wulckow gerät aufgrund seiner Leibesfülle zu einem satirischen Beitrag über die Grundlagen des Staates:

Wulckow aber, der rote Husar, brachte die volle Bedeutung eines Regierungspräsidenten erst jetzt zur Geltung, wo er salutierend das gewaltige, von Schnüren umrahmte Profil seiner unteren Körperteile hervorkehrte. »*Das sind die Säulen unserer Macht!*« *rief Diederich in die wuchtigen Klänge des Einzugsmarsches.* »*Solange wir solche Herren haben, werden wir der Schrecken der ganzen Welt sein!*« *Und voll überwältigenden Dranges, in der Meinung, seine Stunde sei da, stürzte er hinunter, nach dem Rednerpodium. Aber der Schutzmann, der es bewachte, trat ihm entgegen:* »*Nee, nee, Sie komm'n noch nich ran*«, *sagte der Schutzmann.*

Auch der lapidare Ton des Schutzmannes angesichts der pathetischen Worte Diederichs wirkt satirisch.

Das hohle Pathos des kaisertreuen Diederich wird wiederholt in Dialogen bloßgestellt:

... Eine Idiotenanstalt mag auch ganz nützlich sein.«

»*Aber nur eine kaisertreue!*« *ergänzte Diederich.*[119]

Originell auch Diederichs Bekenntnis zum Kaiser während eines Gesprächs mit dem Bürgermeister und Jadassohn:

Ich erkläre, daß ich in allem fest zu Seiner Majestät stehe ...« *Hier machten die beiden anderen Herren eine Verbeugung, die Diederich entgegennahm, indes er weiterblitzte. Im Gegensatz zu dem demokratischen Mischmasch, an den die absterbende Generation noch glaube, sei der Kaiser, der Vertreter der Jugend, die persönlichste Persönlichkeit, von erfreulicher Impulsivität und ein höchst origineller Denker.* »*Einer soll Herr sein! Auf allen Gebieten!*« *Diederich legte das vollständige Bekenntnis einer scharfen und schneidigen Gesinnung ab und*

---

119 Ebd., S. 124.

erklärte, daß mit dem alten freisinnigen Schlendrian auch in Netzig von Grund aus aufgeräumt werden müsse. [120]

Der Ausdruck „persönlichste Persönlichkeit" gibt doch sehr zu denken. Diese Phrase wird später noch einmal wiederholt, wobei Jadassohn weitere Aussagen Diederichs offenbar kopiert:

Dann ließ sich Jadassohn, obwohl sein Essen kalt ward, auf eine ausführliche Würdigung des kaiserlichen Charakters ein. Die Philister, Nörgler und Juden mochten an ihm aussetzen, was sie wollten, alles in allem war unser herrlicher junger Kaiser die persönlichste Persönlichkeit, von erfreulicher Impulsivität und ein höchst origineller Denker. Diederich glaubte dies auch schon festgestellt zu haben und nickte befriedigt. Er sagte sich, daß das Äußere eines Menschen zuweilen trüge und daß die deutsche Gesinnung nicht notwendig von der Größe der Ohren abhänge. [121]

Im Gespräch mit Wulckow will Diederich seine kaisertreue Gesinnung unterstreichen und benutzt dabei das Bild der „Lumpen", also der Textilreste, die zur Papierherstellung genutzt werden. Dabei wird er unfreiwillig komisch:

Jugendliche beschäftige ich gar nicht mehr, seit der Geschichte mit dem Arbeiter, den der Wachtposten auf dem Felde der Ehre, wie Seine Majestät festzustellen geruhten, niedergestreckt hat, nachdem der Kerl mit seiner Braut hinter meinen Lumpen –«

Wulckow winkte ab. »Ihre Sorge, Doktorchen!«

Diederich ließ sich seinen Entwurf nicht verderben. »Unter meinen Lumpen darf kein Umsturz vorkommen. Mit Ihren Lumpen, ich meine in der Politik, ist es anders. Da können wir den Umsturz brauchen, damit aus den freisinnigen Lumpen weißes, kaisertreues Papier wird.« Und er machte eine tief

---

120 Ebd., S. 126.
121 Ebd., S. 130.

95

bedeutungsvolle Miene. Wulckow schien nicht verblüfft, er schmunzelte furchtbar.[122]

Satire kann auch im Widerspruch und Paradoxen entstehen.
Beispielsweise rühmt Diederich gegenüber Kienst das harmonische Zusammenleben in seiner Familie. Dabei streitet er oft mit den Schwestern und spart am Haushaltsgeld. Auch die Schwestern zanken untereinander.
Diederich kündigt einem Arbeiter, der sich hinter den Lumpensäcken mit seiner Verlobten vergnügt, aber kurz darauf versucht er das gleiche an gleicher Stelle mit der bereits verlobten Guste Daimchen.
Diederich weist Herrn Göppel rüde ab, als der sich bei Diederich für Agnes einsetzt und fordert ihn sogar zum Duell. Das gleiche passiert Diederich, als er sich für Emmi bei einem Leutnant einsetzen will.
Diederich betont immer wieder, er wäre gerne beim Militär „dabeigeblieben", aber in Wahrhgeit hat er sich gedrückt.
Auch dass Diederich betont, er sei selbstverständlich durchaus „liberal", widerspricht seinen Handlungen.

Zu nennen wäre sprechende Eigennamen wie Heßling, was auf einen hässlichen Charakter hindeutet.
Der Name Nothgroschen weist darauf hin, dass dieser wenig verdient.
Wulckow klingt wie ein ausbrechender Vulkan, was auf seinen Charakter verweist.
Zu nennen wäre auch der satirische Kommentar, wie beispielsweise in der Italienepisode.

---

122 Ebd., S. 334.

Komik

Auch für reine Komik ist Platz. In Italien finden Beamte Diederich in einer Lache sitzen und sie denken, es wäre Blut. Der treue Verehrer des Kaisers hat so dem Wein zugesprochen, dass er sich in die Hose gemacht hat.

Als Diederich erfährt, dass der Kaiser plötzlich von Rom nach Berlin reisen muss, will er ihm sofort nacheilen. Offenbar sind die Leute glücklich darüber.

Am nächsten Abend, bei der Galavorstellung im Theater, sah der Kaiser ungewöhnlich ernst aus. Diederich bemerkte es, er sagte zu Guste: »Jetzt weiß ich doch, wozu ich das viele Geld hab ausgegeben. Paß auf, wir erleben einen historischen Moment!« Und seine Ahnung betrog ihn nicht. Die Abendblätter verbreiteten sich im Theater, und man erfuhr, der Kaiser werde noch nachts abreisen, und er habe seinen Reichstag aufgelöst! Diederich, ebenso ernst wie der Kaiser, erklärte allen, die in der Nähe saßen, die Schwere des Ereignisses. Der Umsturz hatte sich nicht entblödet, die Militärvorlage abzulehnen! Die Nationalgesinnten gingen für ihren Kaiser in einen Kampf auf Leben und Tod! Er selbst werde mit dem nächsten Zuge nach Hause fahren, versicherte er, worauf man ihm sofort den Zug nannte ... [123]

Von Komik geprägt ist auch Diederichs Verhältnis zur Kultur:

»Überhaupt, was ist hier los, möcht ich mal wissen. Schönes Wetter, na ja ... Na, nu sieh dir wenigstens noch das alte Zeug an, das da rumsteht!« heischte er. Guste, wieder gebändigt, sagte klagend: »Ich genieß es ja.« Und dann fuhren sie in gemessenem Abstand hinter dem Zug des Kaisers her. [124]

Auch das Verhalten und die Wortwahl von Kühnchen, dem Lehrer, der 1871 im Krieg gedient hat, wirkt komisch. So setzt er sein Wissen über die Kurfürsten[125] bei einer demokratischen Wahl ein:

---

123 Ebd., S. 371.
124 Ebd., S. 371.

Am andern Ende der Straße holte man die neue Fahne ab und empfing sie, bei schmetternder Musik, mit stolzem Hurra. Unabsehbar verlängert durch die Werbungen des Patriotismus erreichte der Zug das Klappsche Lokal. Hier ward in Sektionen eingeschwenkt, und Kühnchen befahl »Küren«. Der Wahlvorstand, an seiner Spitze Pastor Zillich, wartete schon, festlich gekleidet, im Hausflur. Kühnchen kommandierte mit Kampfgeschrei: »Auf, Kameraden, zur Wahl! Wir wählen Fischer!« - worauf es vom rechten Flügel ab, unter schmetternder Musik, in das Wahllokal ging. Dem Kriegerverein aber folgte der ganze Zug. [126]

Jadassohn leidet sehr unter seinen großen Ohren. Diese will er in Paris operieren lassen. Seine Begründung hierfür wirkt komisch.

»Vergnügen kommt nicht in Frage.« Jadassohn wandte sich um, mit einem Gesicht, als sei er im Begriff, jemand hineinzulegen. Da er Diederichs beunruhigte Miene sah, kam er zurück. »In vier Wochen«, sagte er merkwürdig ernst und gefaßt, »werden Sie es selbst sehn. Vielleicht ist es vorzuziehen, wenn Sie die Öffentlichkeit schon jetzt darauf vorbereiten.« Diederich, ergriffen wider Willen, fragte: »Was haben Sie vor?« Und Jadassohn, bedeutungsschwer, mit dem Lächeln eines opfervollen Entschlusses: »Ich stehe im Begriff, meine äußere Erscheinung in Einklang zu bringen mit meinen nationalen Überzeugungen« ... Als Diederich den Sinn dieser Worte erfaßt hatte, konnte er nur noch eine achtungsvolle Verbeugung machen; Jadassohn war schon fort. Dahinten flammten, nun er die Halle betrat, seine Ohren noch einmal - das letztemal! - auf, wie zwei Kirchenfenster im Abendschein. [127]

Montagetechnik

Heinrich Mann geht es nicht einfach um die Darstellung des Wilhelminischen Zeitalters, sondern um eine kritische Auseinandersetzung mit dieser Zeit.

---

125 Die sieben Kurfürsten wählten im Mittelalter dem römisch-deutschen
     König, der dann später vom Papst zum Kaiser erhoben wurde
126 Der Untertan, S. 417.
127 Ebd., S. 423.

Das wird gerade in der Montage von Kaiserzitaten in den Reden Diederichs deutlich, wodurch sowohl Diederich als auch der Kaiser als Sprücheklopfer dastehen. Diederich entstellt zum Teil diese Zitate oder benutzt sie in einem unpassenden Zusammenhang, was die satirische Wirkung verstärkt.
Der Untertan ahmt auch den Sprachduktus des Kaisers nach.
Es ist festzuhalten, dass den Zeitgenossen Diederichs diese Kaiserreden geläufig waren, auch den Lesern dieser Zeit.

Kaiserzitate:

Im Folgenden werden originale Kaiserzitate in Auswahl mit Datum aufgeführt.[128]

...erwidere ich ruhig und bestimmt: Mein Kurs ist der richtige, und er wird weiter gesteuert
24. Februar 1892

Denn für mich ist jeder Socialdemokrat gleichbedeutend mit Reichs- und Vaterlandsfeind. ... Fahrt nun nach Hause und überlegt, was Ich gesagt...
14. Mai 1889

Wie der Epheu sich um den knorrigen Eichenstamm legt, ihn schmückt mit seinem Laub und ihn schützt, wenn Stürme seine Krone durchbrausen, so schließt sich der preußische Adel um Mein Haus.
6. September 1894

Diese Kaiserzitate sind in zwei Reden eingeflochten. Die ersten beiden bei der Vorstellung Diederichs als neuer Prinzipal in seiner Fabrik.
Bei der Rede Wilhelms II. von 1889 ging es darum, streikende Arbeiter dazu zu bringen, den Streik aufzugeben. Diederich aber hält nur seine Antrittsrede vor den eigenen Leuten und dramatisiert diese. Indem Diederich die Kaiserzitate in diesen unangemessenen Zusammenhang bringt, macht er sich lächerlich.

---

128 Jürgen Wolff: Der Untertan, Stuttgart 1980, S. 121.

Die Montagetechnik ist also ein poetisches Mittel, um die Intention des Autors zu unterstützen.

Ein romantischer Exkurs

In Kapitel II liegt eine Naturbeschreibung vor, die sich vom übrigen Text abhebt. Hier erleben wir den eigentlichen, den liebenswerten Diederich.

Die Pflastersteine der Hauptstraße streckten ihre Spitzen nach oben, und die Julisonne färbte sie bunt. Die Häuser waren höckrig, schief und so klein, daß die Straße zwischen ihnen sich ausnahm wie ein Feld mit Steinen. Die Glocke des Krämers klapperte lange hinter den Fremden her. Wenige Leute, halb städtisch gekleidet, schlichen durch den Schatten und wandten sich um nach Agnes und Diederich, die stolze Gesichter machten, denn sie waren die Elegantesten hier. Agnes entdeckte das Modengeschäft mit den Hüten der feinen Damen. »Nicht zu glauben! Das hat man in Berlin vor drei Jahren getragen!« Dann traten sie durch ein Tor, das wacklig aussah, in das Land hinaus. Die Felder wurden gemäht. Der Himmel war blau und schwer, die Schwalben schwammen darin wie in trägem Wasser. Die Bauernhäuser dort drüben waren eingetaucht in heißes Flimmern, und ein Wald stand schwarz, mit blauen Wegen. Agnes und Diederich faßten sich bei den Händen, und ohne Verabredung fingen sie zu singen an: ein Lied für wandernde Kinder, das sie noch aus der Schule kannten. Diederich machte seine Stimme tief, damit Agnes ihn bewundere. Als sie nicht weiter wußten, wandten sie einander die Gesichter zu und küßten sich, im Gehen.[129]

---

129 Der Untertan, S. 88.

Rhetorische Figuren

Rhetorische Figuren haben eine Funktion, die sich durch den Kontext erschließt. Die Herausarbeitung würde jedoch an dieser Stelle zu weit führen, weswegen lediglich Textbeispiele gegeben werden:

Akkumulation

Wie abenteuerlich das Mittagessen in der Laube des Wirtshauses, mit der Sonne, den Hühnern, dem offenen Küchenfenster, aus dem Agnes sich die Teller reichen ließ.[130]

Anapher:

jetzt drüben, jetzt hier[131]

Metapher:

nur dürres Land sah man, verschmachtend, sich dahindehnen[132]

Der Wagenverkehr stockte, die Fußgänger stauten sich, mit hineingezogen in die langsame Überschwemmung , worin der Platz ertrank, in dies trübe und mißfarbene Meer der Armen[133]

Vergleich

wie übergetretenes Wasser[134]

---

130 Ebd., S. 89.
131 Der Untertan, S. 60.
132 Der Untertan, S. 43.
133 Ebd., S. 60.
134 Ebd., S. 60.

Archaismus:

küren

Ellipse:

Niemand mehr rein ![135]

Personifikation:

Die Macht, die über uns hingeht

Rezeption

Ist *Der Untertan* eine Satire?

Der *Untertan* ist zwischen 1907 und 1914 entstanden, also noch zur Zeit des Deutschen Kaiserreichs. Im Jahr des Kriegsausbruchs erschien er als Fortsetzungsroman, musste aber bald eingestellt werden, da es nicht opportun erschien, einen solchen Text in Kriegszeiten zu veröffentlichen. Er erschien erst nach der deutschen Niederlage. In den ersten Wochen seines Erscheinens wurde er fast hunderttausend Mal verkauft.

Die Rezensionen waren zum Teil negativ, in dem Sinne, dass hier ein schlechtes Pamphlet vorliege.[136]

Dagegen ist Wisskirchen der Meinung, dass hier ein Epochenroman vorliegt und macht dies daran fest, dass der Roman mit Heinrich Manns persönlicher Entwicklung zusammenhängt. So hat er etwa Berlin als vom preußischen Unteroffiziersgeist geprägt erlebt.[137]

---

135 Ebd., S. 60.
136 Vgl. Hans Wisskirchen: Heinrich Mann >Der Untertan< :
Epochenroman oder Satire?, in: HMJb, 11/1993, S. 54.
137 Vg. ebd., S. 55.

Es ist sehr umstritten, ob Heinrich Manns Roman ein reales Abbild der Gesellschaft um 1900 ist oder ob es hier um eine satirische Übertreibung gesellschaftlicher Missstände geht.

Manchem galt der Roman als Übertreibung. Das Werk war stets stark umstritten und das hat vor allem politische Gründe. Es gilt zu bedenken, dass *Der Untertan* in der Deutschen Demokratischen Republik Pflichtlektüre war. Das hat den Roman nicht überall beliebt gemacht. Ich denke, dass er der DDR-Führung auch so genehm war, weil die Sozialdemokratie so schlecht im Roman wegkommt und ebendiese Sozialdemokraten hatten ja die Kommunisten als „Sozialfaschisten" bezeichnet. Zwangsweise wurde dann die SPD in der Sowjetischen Besatzungszone mit der KPD vereinigt. Darüber hinaus kam auch die, wie ich behaupte, etwas eindimensionale Sicht der Kaiserzeit den Kommunisten sehr gelegen.

Strittiger Punkt war oft das politische Engagement Heinrich Manns für die Sache der Linken.[138] Das deutsche Bürgertum nahm Heinrich Mann den *Untertan* als Abrechnung mit der Kaiserzeit übel. Auch die Frankreichbegeisterung Manns tat ihr Übriges, denn Frankreich galt lange als „Erbfeind" der Deutschen. Außerdem war Heinrich Mann ein Pazifist.

Nach dem Ende des Zweiten Weltkrieges kam hinzu, dass Heinrich Mann, der in Kalifornien im Exil lebte, plante, in den ostdeutschen Teil Deutschlands, in die DDR zurückzukehren. Bevor er dies umsetzen konnte, starb er. Er trat auch für die Zwangsvereinigung[139] von SPD und

---

138 Vgl. Jürgen Wolff: Stundenblätter „Der Untertan". Stuttgart 1980, S. 36.
139 Auf sowjetischen Druck hin musste sich die SPD mit der KPD zur Sozialistischen Einheitspartei Deutschlands zusammenschließen. Sozialdemokraten, die sich der Vereinigung widersetzten, wurden bedroht. Dies geschah, weil man ein schlechtes Abschneiden bei Wahlen fürchtete.

KPD zur SED ein.[140] Die DDR nutzte Heinrich Manns Ruhm aus und machte ihn zu einem der geistigen Väter des sozialistischen Staatsgebildes. Walter Ulbricht hielt zum 100. Geburtstag des Literaten eine Rede auf ihn. Es gab allerdings kritische Äußerungen des Autors zur DDR und zu Ulbricht. Im Westen aber galt er bei vielen als Kommunist.

Die engagierte Literatur, die Heinrich Mann vertrat, wurde nicht eben geschätzt. Gerade sein Bruder Thomas Mann kritisierte ihn dafür. Thomas Mann war ein Vertreter der reinen Dichtung. Er bezeichnete seinen Bruder als „Zivilisationsliteraten". Heinrich Manns Werk galt als zu verhaftet in der Tagespolitik und im Dienst politischer Interessen.

Die Verfilmung des *Untertans* in Ost-Berlin durch Wolfgang Staudte wurde in der BRD zum Teil hart kritisiert. Das Drehbuch wurde allerdings auch auf DDR-Linie gehalten.

Im Lexikon deutschsprachiger Schriftsteller (DDR) von Günter Albrecht[141] wird der Schriftsteller sehr gelobt. Hier ist die Rede von Heinrich Manns Entwicklung von der „repräsentativen bürgerlich-demokratischen Weltanschauung" zur „aus ihr organisch hervorwachsende politisch-moralische Zuwendung zum Sozialismus."[142] Der Stil dieser Lobhudeleien stößt doch sehr ab. Es wird auch betont, dass der deutsche Roman durch ihn neue Weltgeltung erhalten habe.

In der westdeutschen „Geschichte der deutschen Literatur"[143] kommt der Roman nicht so gut weg. Er sei Zerrbild der Realität. Mann sei ein Propagandist des Sozialismus. Die Haltung völlig negativ.

---

140 Vgl. ebd., S. 37.
141 Vgl. Stundenblätter, S. 42.
142 Ebd., S. 42.
143 Vgl. ebd., S. 43.

Der Historiker Thomas Nipperdey setzte sich in einem Aufsatz mit Wehlers *Kaiserreich*[144] auseinander.[145] Wehler entwirft ein bestimmtes Bild des Wilhelminischen Zeitalters, das Nipperdey zurückweist. Nipperdey urteilt über Wehlers Werk mit einem Vergleich mit dem Untertan:

„Man kann das Ganze als einen großen, gelehrten, den Autor rechtfertigenden Kommentar zu Heinrich Manns „Untertan" lesen, so so freilich, dass die von Mann gewählte Form der Satire dem Kommentar unversehens zur Wirklichkeit gerät." [146]

Nipperdey betont also ausdrücklich den satirischen Charakter des Werkes. Es ist eben kein Epochenroman und das hat Nipperdey in seiner *Deutschen Geschichte 1866-1918* auch belegt, indem er die Gesellschaft genau analysiert. Das tut Wehler zwar auch, aber immer mit dem Ziel der Entlarvung einer Kontinuität von 1871 bis 1945. Das Kaiserreich kann aber nicht nur als Vorgeschichte des Faschismus untersucht werden.

Nipperdey hat sich ausführlich der Frage nach einer vermeintlichen Untertanengesellschaft im Kaiserreich gewidmet.[147] Dabei geht er auch auf den *Untertan* ein:

---

144 Hans-Ulrich Wehler: Das deutsche Kaiserreich 1871-1918, Göttingen 1975.
145 Thomas Nipperdey: Wehlers „Kaiserreich". Eine kritische Auseinandersetzung, in: Thomas Nipperdey: Gesellschaft, Kultur, Theorie, Gesammelte Aufsätze zur neueren Geschichte. Göttingen 1976, S.360-389. (Kritische Studien zur Geschichtswissenschaft, Bd. 18)
146 Ebd., S. 364.
147 Thomas Nipperdey: War die wilhelminische Gesellschaft eine Untertanengesellschaft? In: Thomas Nipperdey: Nachdenken über die deutsche Geschichte. Essays. München 1986, S. 208-224.

„Natürlich: Der Roman ist ein engagierter, aggressiver, kritischer Tendenzroman...“[148]

„Vieles beruht mehr auf Impressionen als auf Studien...“[149]

Er betont, dass das Bild der wilhelminischen Gesellschaft als Untertanengesellschaft weit verbreitet und populär sei.[150] Seine These hingegen ist, dass diese Beschreibung als Untertanengesellschaft nur Teilwahrheit sei.[151]

„Die historische Wirklichkeit geht in simpel polarisierenden Kategorien nicht auf, sie hat vielmehr einen polyvalenten Charakter.“[152]

Nipperdey beschreibt einen Staat, der durch soziale Mobilität und durch kulturelle Liberalität geprägt war. Es war auch eine pluralistische Gesellschaft. Die wilhelminische Öffentlichkeit war auch politisch kritisch. Ein Beispiel ist die „Daily-Telegraph-Affäre.“ Letztendlich war die Gesellschaft des Kaiserreichs auch eine Gesellschaft der politischen Veränderung. So gewann der Reichstag erheblich an Bedeutung. Näheres zu den Entwicklungen finden sich im historischen Teil weiter unten.

---

148 Ebd., S.208.
149 Ebd., S. 209.
150 Ebd., S. 211.
151 Vgl. S. 211-212.
152 Ebd., S. 212,

Der Untertan **als Entwicklungsroman**

In einem Entwicklungsrom wird die Entwicklung einer Hauptfigur in Auseinandersetzung mit sich selbst und seiner Umwelt erzählt. Zu nennen wäre zum Beispiel Wilhelm Meisters Lehrjahre von Johann Wolfgang von Goethe.

Auch Diederich vollzieht eine Entwicklung, allerdings zum Negativen hin, was bei Entwicklungsromanen unüblich ist. Er begibt sich ganz in den Dienst der "Macht". Moralisches Handeln bleibt ihm fremd. Man könnte die Lektüre also als negativen Bildungsroman bezeichnen.

Das Kaiserreich

Die Bedeutung des Theaters

Das Theater spielt eine große Rolle für die mittleren und oberen bürgerlichen Schichten.[153] Auch im Roman kommt dem Theater eine wichtige Rolle zu.

Das Theater im Kaiserreich ist ein Treffpunkt der Gesellschaft, als Stadttheater ist es der Stolz der Bürgergemeinde, wie im Falle der „Harmonie" immer wieder deutlich wird. Es ist auch Kunst- und Bildungsort. Zur Unterhaltung gehört auch die gesellschaftliche Repräsentation. Man „lässt sich" also „sehen."

Die Zahl der Theater wächst im Kaiserreich zwischen 1871 und 1885 um über 100. Es entstehen auch Privatspielstätten, aber vor allem ist das deutsche Theater Subventionstheater. Berlin wird zur Schauspielmetropole.

Theaterspielen in eigenen Theatervereinen ist üblich.

Das Publikum wächst und demokratisiert sich. Die Logen weichen den Rängen.

In den 70/80er Jahren gibt es zwischen dem Programm und der politischen Elite wenig Spannung. Seit 1890 wird das Theater aber auch zu einem Ort der öffentlichen Auseinandersetzung. So hat Kaiser Wilhelm II. wegen Gerhart Hauptmann[154] seinen Platz gekündigt. Davon sind die Aufführungen in unserer fiktiven Stadt weit entfernt. Sie dienen der Unterhaltung.

Die Presse

---

153 Vgl. hier und im Folgenden Thomas Nipperdey: Deutsche Geschichte 1866-1918. Band I. Arbeitswelt und Bürgergeist. München 2013 , S. 793-796.

154 Gerhart Hauptmann (1862-1946), Vertreter des Naturalismus, sozialkritische Dramen.

Mit Nothgroschen tritt eine Figur der Presselandschaft auf. Die Deutschen werden in der Zeit des Kaiserreichs zu einem Volk von Zeitungslesern. Die tägliche Zeitungslektüre wird in allen Schichten üblich und die Presse wird mächtig. Gleichzeitig haben wir es mit einer Politisierung des Lebens zu tun. Die Presse bezieht das lokale Geschehen ins Nationale und in die städtische Welt. Im Roman fällt auf, dass Diederich sich der Presse bedient, um die Erschießung des Arbeiters durch eigene Kaiserworte zu rechtfertigen. Die unterschiedlichen Milieus haben ihre eigenen Zeitungen, so etwa katholische, sozialdemokratische und freisinnige Publikationen.

Es ist zu betonen, dass das Pressegesetz von 1874 reichseinheitlich die Pressefreiheit festsetzt. Es gab keine Zensur. Beschlagnahmungen waren an richterliche Anordnungen gebunden, es gab prinzipiell keine Zeitungsverbote und keine Berufsverbote für Journalisten mehr. Dies weist darauf hin, dass wir es hier keineswegs ausschließlich mit einem streng reglementierten Obrigkeitsstaat zu tun haben, da das Pressegesetz viele Freiheiten erlaubte.

Aber, natürlich, es blieben staatliche Eingriffsmöglichkeiten, etwa bei Beleidigung, Hochverrat oder Aufforderung zur Missachtung der Gesetze.

Die öffentliche Meinung, die durch die Zeitung beeinflusst wurde, war ein Machtfaktor, der die Politik wiederum berührte. Die Beeinflussung der Presse wurde so für die Regierung zu einem wichtigen Bedürfnis. So war Pressepolitik für Bismarck immer wichtig. Die „Emser Depesche" ist ein Beispiel für Pressepolitik. Umgekehrt spielte die unabhängige Presse beim Aufdecken von politischen Skandalen eine wichtige Rolle.

Die Klassengesellschaft

Der Untertan zeigt deutlich die Klassengesellschaft des Kaiserreichs.
Die Gesellschaft des Kaiserreichs war durch ein hohes Maß an Ungleichheit und Differenzierung geprägt.[155] Sie unterschied sich fundamental von unserer heutigen Mittelstandsgesellschaft. Die Gesellschaft der Kaiserzeit war, wie übrigens alle industriellen

---

155 Vgl. Nipperdey, Deutsche Geschichte, S. 414.

Gesellschaften der Zeit, eine Klassengesellschaft. Die Klasse bestimmte vorrangig die soziale Position und Lebenschancen.

Der Begriff Klasse ist schwierig, zumal man seinen Gebrauch in der kommunistischen Ideologie berücksichtigen muss. Es gibt Zwischenklassen, aber, und das ist entscheidender, es gibt auch andere Unterscheidungen von Gruppen, die wichtiger waren, wie zum Beispiel der Land-Stadt-Gegensatz oder der Konfessionsgegensatz, die sich mit den Klassentrennungslinien überschneiden. Klassengesellschaft ist also nicht die einzig richtige Beschreibung der deutschen Gesellschaft im Kaiserreich.

Kulturelle Gemeinsamkeiten machen über das Ökonomische hinaus eine Klasse aus.

Die Klassenschichtung war stark vom Staat mitbestimmt und politisch überformt. Der Staat hat das Militär auch sozial privilegiert. Die Offiziere waren eine Art Herrenstand mit Autoritäts- und Respektansprüchen, wie dies im *Untertan* ja deutlich beschrieben wird.

Das preußisch geführte Reich hat traditionsgemäß den Adel privilegiert und ihm so sein Überleben als Stand gesichert. Der Adel behielt politische Macht und von Wulckow steht unter anderem im *Untertan* für diese Macht. Der Adel hatte Macht im preußischen Landtag, in der ländlichen Kommunalverwaltung und am Hof. Er war politische Führungsschicht und war ökonomisch mit Ämtern versorgt. Bürgerliche Aufsteiger in Führungspositionen wurden oftmals nobilitiert. Die Großlandwirtschaft als weitere ökonomische Basis des Adels wurde durch die staatliche Agrarpolitik gefördert. Der Adel konnte also eine Sonderstellung bewahren. Das Heiratsverhalten blieb standesgebunden. Der Adel hatte eine Modellwirkung.

Nicht nur Militär und Adel, sondern auch die Beamten haben die gesellschaftliche Schichtung geprägt. Die Beamten waren eine Sondergruppe, die von der Staatsbezogenheit geprägt war. Sie war Kernbestand zweier Teilklassen, der Bildungsbürger und des neuen Mittelstandes.

Das Obrigkeits-Untertanen-Verhältnis war geprägt durch diese Klassenunterschiede.

Es gab eine eigentümliche Rangordnung im Hofzeremoniell und bei öffentlichen Anlässen mit Offizieren weit oben, dann die höchsten Beamten, Kirchenleute und Gelehrte in der unteren Mitte, Reichstagsabgeordnete lange danach. Kaufleute und Unternehmer fielen fast ganz heraus. Man kann es gut bei der Denkmalsenthüllung im *Untertan* nachvollziehen.

Das war ein Anachronismus, aber es wäre irreführend, darin den Spiegel eines Klassenstaates zu sehen.[156] Die politische Schichtung hat die soziale vielleicht beeinflusst, aber nicht ausgemacht.

Es darf nicht außer Acht bleiben, dass die Bürger die zentrale Rolle in der Wirtschaft, der alltäglichen Stadtgesellschaft und der Kultur innehatten.

Das Wirtschaftsbürgertum

Diederich ist der aufstrebenden Schicht des Wirtschaftsbürgertums zuzuordnen. Es ist festzuhalten, dass Unternehmer und Kaufleute verstärkt Wert auf Bildung legten. Diederich besucht das Gymnasium und geht zum Studieren nach Berlin. Die Unternehmer brauchen mehr theoretisches Wissen, sie gehen auf höhere Schulen, was zugleich einen höheren Status bedeutet. 1907 hatte schon ein fast ein Drittel der Eigentümer an Unternehmen studiert. Es blieb jedoch eine gewisse Distanz zum Bildungsbürgertum, wie sie sich in der Unterscheidung von klassischen Gymnasien und Realgymnasien manifestiert, nicht zuletzt durch die Wirtschaftsfremdheit der Letzteren. Die Lebensstile bleiben verschieden. Man kann Wolfgang Buck und Diederich Hessling als Protagonisten solcher Lebensstile verstehen.

In Bezug auf unseren Roman scheint auch das Verhältnis des Wirtschaftsbürgertums zum Adel von Bedeutung. Lange ging man von einer „Feudalisierung" des Großbürgertums durch den Adel aus, was aber nicht haltbar ist.[157] Das kleine oder mittlere Unternehmertum hatte eher weniger Kontakt zum Adel. Trotzdem ist es bemerkenswert, wie

---

156 Vgl. ebd., S. 420.
157 Vgl. Niperdey, Deutsche Geschichte, S. 391.

Diederich auf den Adel reagiert, sei es durch Verehrung, aber auch durch Umsturzgedanken, wenn man an die Episode mit Wulkow denkt. Zwar gibt es im Großbürgertum Tendenzen, sich dem Feudaladel anzunähern. So geht etwa die bürgerstolze Abneigung gegen das Herrschaftlich-militärische zurück. Unternehmersöhne leisten ihren Militärdienst gerne in vornehmen Regimentern. Sie treten auch gerne, wenn sie studieren, in vornehme Korporationen ein. Aber man darf dies alles nicht überinterpretieren.

So lehnten viele Unternehmer die Nobilitierung[158] ab, wie zum Beispiel August Thyssen, Carl Röchling und Leopold Hoesch. Nur 3 von 106 Kommerzienräten[159] haben sich um die Nobilitierung bemüht.

Das Verhalten und die Werte der Unternehmer blieb bürgerlich. Es ging um Leistung, Fleiß und Sparsamkeit, Mut zum Risiko und Ehrbarkeit. Die adligen Ehrbegriffe blieben fremd.

Aber es ist natürlich zu bemerken, dass die ganze Gesellschaft im Kaiserreich auch im nichtpolitischen Leben von Militär und Staat geprägt war. Das Institut des Reserveoffiziers[160] war wichtig und der Stil der Korporationen entsprach dem militärischen.

Die Bildungsbürger

An dieser Stelle soll auch vom Bildungsbürgertum die Rede sein. Es handelt sich um die akademisch Gebildeten, die höheren Beamten und die Vertreter der freien Berufe. Man sprach damals von „gebildeten Ständen". Die Bildungsbürger genießen soziales Ansehen und sie verfügen oft über kulturellen und politischen Einfluss. Die Bildung ist Basis des Berufs . Es gibt einen gemeinsamen Stil, Geselligkeitskreise und

---

158 Nobilitierung: Erhebung in den Adelsstand. Sie ist nur in einer Monarchie möglich. Man unterscheidet zwischen persönlichem Adel und Erbadel, der weiterverliehen wird.

159 Kommerzienrat: Ein Ehrentitel, der im Deutschen Reich bis 1919 vor allem an Persönlichkeiten der Wirtschaft verliehen wurde.

160 Reserveoffizier: Es handelt sich um Reservisten, die militärisch ausgebildet sind. Dabei mussten diese ihre Ausrüstung selbst bezahlen, so dass die meisten Reserveoffiziere aus dem Bürgertum stammten. Ihr Ansehen war hoch.

man heiratet gerne untereinander. Die Bildungsbürger verfügen über ein bestimmtes Wissen, das nicht nur berufsbezogen ist. Es ist Bildungswissen mit Literatur, Künsten und Wissenschaft. Das Bildungsbürgertum war prinzipiell eine offene Schicht.

Die Arbeiter

Die Arbeiter und ihre Lebenswelt nehmen im Roman eine wichtige Stellung ein und mit Napoleon Fischer gehört einer der Protagonisten zu ihren Reihen.

Aus den arbeitenden Klassen und den Unterschichten des 19. Jahrhunderts entstand eine neue Klasse, die Arbeiterschaft oder das Proletariat. Es handelt sich also um einen Prozess der Angleichung. Zugleich differenziert sich die Arbeiterschaft aber auch aus.

Die Anzahl der lohnabhängigen Arbeiter steigt im Zuge der Hochindustrialisierung stark an. 1882 sind es in Gewerbe, Handel und Verkehr 4,8 Millionen Menschen, 1895 7,2 Millionen und 1907 10,6 Millionen.[161] Dazu kommen noch die Familien. Rechnet man die fortbestehenden Gruppen, Land- und Heimarbeiter und Dienstboten hinzu, so gehört zur Arbeiterschaft mehr als die Hälfte der Erwerbstätigen.

Nun soll die wachsende und dominierende Hauptgruppe der lohnabhängigen Arbeiter im Gewerbe und im Dienstleistungsbereich beschrieben werden.

Die große Mehrheit besteht aus Männern, aber die Anzahl der Arbeiterinnen wächst. Frauenarbeit ist weit überwiegend ungelernte Arbeit. Kinderarbeit ist im Gewerbe, in Handwerk und Industrie, quantitativ kein großes Problem mehr. Weiterhin unterscheiden sich die Arbeiter nach ihrer geographischen und sozialen Herkunft. Es gibt einen großen Zuzug vom Land in die Stadt, hervorgerufen durch die ländliche Not und die Attraktivität der Fabrikarbeit sowie der des Stadtlebens. Die Wanderung war zunächst eine Nah- und Regionalwanderung, dann wurde auch die Fernwanderung wichtig. Bekannt ist die polnische und masurische Einwanderung ins Ruhrgebiet. Der kulturelle Gegensatz zwischen Zugewanderten und Ansässigen war groß und erschwerte die

---

161 Vgl. Nipperdey, Deutsche Geschichte, S.291.

Integration. Ein weiterer Unterschied ist der zwischen Seßhaften und Mobilen. Um 1900 verließen schätzungsweise 50 % der Arbeiter pro Jahr den Betrieb und wechselten meist in einen neuen. Die gilt gerade für die Frauen, Ledigen und Jungen. Ein großer Unterschied ist der zwischen Gelernten und Ungelernten. Facharbeiter hatten eine professionelle Ausbildung abgeschlossen. Der Unterschied zwischen Facharbeitern und Ungelernten war ein konstitutives Merkmal der Arbeiterschaft.

Auch die Sektoren, in denen die Arbeiter tätig waren, bestimmten das Eigenbild. Der Unterschied zwischen besser und weniger gut bezahlten Arbeitern ist natürlich entscheidend.

Für die Differenzierung der Arbeiterschaft spielen auch zwei Gegensätze eine Rolle: Nation und Religion. Die Polen im Ruhrgebiet hielten zunächst an ihrer Sprache fest, lebten vielfach in eigenen Vierteln. Dies führte zu starken Spannungen, die stärker waren als die gewerkschaftliche und sozialdemokratische Solidarität der Arbeiter. Ein weiterer Gegensatz ist der der Religion – der bewusst christlichen Arbeiter gegen die anti- oder areligiösen Arbeiter, gerade bei den Sozialdemokraten.

Es bleibt auch festzuhalten, dass viele Arbeiter in Mittel- und Kleinstädten wohnten. Industriearbeit fand nicht nur in der Großstadt statt.

Es gab auch die moralpolitischen Unterschiede. Viele Arbeiter erstrebten bürgerliche Familien- und Anstandsnormen, während andere dies, im Verhältnis zum Trinken, zur Sexualität, zur Gewalttätigkeit nicht taten.

Eine überragende Rolle für sie Arbeiter spielt der Arbeitsplatz. Im fast dauernden Aufschwung nach 1895 scheint Arbeitslosigkeit ein Randphänomen. Die Arbeitszeit ist sehr lang, aber sie geht zurück. Überstunden werden wegen des zusätzlichen Lohnes gerne angenommen. Die Arbeitszeitverkürzung kennt drei Richtungen. Da ist zum Beispiel die übliche Sonntagsarbeit, die gerade für Christen nicht akzeptabel ist.

Der zweite Ansatz ist die Arbeiterschutzgesetzgebung, die seit 1890 die Arbeitszeit für Frauen und Jugendliche begrenzte. Das galt auch für Männer in schwierigen Berufen (Bergbau).

Hinzu kam an dritter Stelle eine allgemeine Verkürzung der Arbeitszeit, die eine Forderung der Sozialreformer und Gewerkschaften war. Die Verkürzungen erstreckten sich auf Wochen- und Tagesarbeitszeit, während es zunächst überhaupt keinen Urlaub gab. Seit der Jahrhundertwende entstanden Ansätze von Urlaub auch für die Arbeiterschaft, während dies bei der Beamtenschaft schon der Fall war. Wichtig war natürlich der Lohn. Die Nominallöhne haben sich zwischen 1870 und 1913 etwa verdoppelt. Die Reallöhne stiegen ebenfalls, aber natürlich weniger. 1870 waren die Arbeitsbedingungen am Arbeitsplatz sicher schlecht. Es gab Schmutz, Gestank, hohe Temperaturen, Luftmangel und kaum hygienische Einrichtungen. Die Gefahren von Betriebsunfällen und Berufskrankheiten waren groß. Diese Situation hat sich bis 1913 relativ verbessert, wobei sie natürlich im Vergleich zu dem heute Selbstverständlichen zurückbleibt.

Kündigungsschutz und längere Kündigungsfristen waren noch unbekannt.

Während es im Kleinbetrieb eine personale Autorität gab, gab es im Großbetrieb eine interne Hierarchie. Viele Arbeiter fühlten sich gerade im Verhältnis zu den unmittelbar Vorgesetzten, die anordneten und kontrollierten, als Menschen zweiter Klasse behandelt. Überstunden wurden in mittleren und größeren Betrieben genau wie Lohnänderungen simpel durch Anschlag verfügt. Das „Du" der Meister war herablassend. Dagegen richtete sich das Verlangen der Arbeiter nach menschlichem Respekt, nach Gleichachtung, nach anständiger Behandlung.

Der Versuch paternalistischer[162] Unternehmer, die starke Abhängigkeit der Arbeiter zu organisieren, indem Wohnungen und Läden organisiert wurden, blieb eine Ausnahme. Die Mobilität der Arbeiter blieb Gegengewicht gegen das Ausgreifen der Fabrik.

Wie das Verhältnis zur Arbeit war, kann nur fragmentarisch beantwortet werden.

---

162 Paternalismus bezeichnet Maßnahmen zur Lösung der sozialen Frage von oben. So ließen Krupp und Stumm Werkswohnungen und Werkkantinen errichten und boten z.B. Betriebskrankenkassen. Die Arbeiter wurden so eng an den Betrieb gebunden, waren aber auch bevormundet.

Es bleibt ein Gefühl der Abhängigkeit, der fehlenden Selbstbestimmung und eine Angst vor willkürlichen Entlassungen. Dies war für das Gesellschaftsbild der Arbeiter ganz entscheidend.

Auch die Bedingungen außerhalb der Fabrik unterlagen für die Arbeiter einem Wandel.

Die Lebensbedingungen der Arbeiter außerhalb der Arbeit lassen sich folgendermaßen beschreiben: In den 5 Jahrzehnten bis 1918 hat sich der Lebensstandard der Arbeiterschaft insgesamt bedeutend gebessert. Die Zeit der äußersten Existenzgefährdung ist vorbei, wobei aber auch alles von der Arbeitsfähigkeit des Hauptverdieners abhängt. Während der Aufwuchsphase der Kinder war mit Einschränkungen zu rechnen.

Die Einnahmen wurden ganz überwiegend von den Grundbedürfnissen, Nahrung, Wohnung und Kleidung, aufgebraucht. Dies hat sich in unserer Zeit ja wesentlich geändert. Bei steigender Kinderzahl wuchs auch der Nahrungsanteil. Für nicht unbedingt Notwendiges ist kein Geld da.

Die Ausgaben für eine Wohnung sind in den Industriestädten gestiegen.

Eine Existenzbedrohung konnte Krankeit mit einhergehendem Verlust der Arbeitskraft bedeuten. Kein soziales Netz fing dies auf.

Langsam erfolgt auch eine Erhöhung der Freizeit, die eine Arbeiterkultur hervorbringt. Hierbei spielten sozialdemokratische und, geringer, auch katholische Organisationen eine Rolle. Auch Großbetriebe (Krupp), die Kirchen und Kommunen setzten Akzente, z.B. durch Büchereien.

Auch wenn gerade die sozialdemokratische Arbeiterkultur Tendenzen des Protestes und einer Eigenkultur zeigte, so bleibt doch festzuhalten, dass die Arbeiterschaft bürgerliche Normen übernahm. Diese wurden zum Beispiel durch die Schule, das Rechtssystem und durch die Zeitungen vermittelt.

Viele aufsteigende Arbeiter und auch ihre Frauen wollten bürgerlich auftreten und auch so anerkannt werden. Sie übernahmen die Gesundheitsstandards (auch was das Trinkverhalten betrifft) und sogar mit Abstrichen die Wohnkultur der Bürger.

Wichtig auch zu erwähnen: Es gab eine Tendenz zur Nationalisierung der Arbeiter bis 1914. Schule und Militär stärkten den Patriotismus. Es ist eine Entproletarisierung festzustellen, die schließlich Basis des sozialdemokratischen Reformismus werden konnte.

Man muss aber auch die Grenzen der Verbürgerlichung sehen. Die Massenkultur, geprägt durch Kino und Sport, war im Grunde unbürgerlich. Die bürgerliche Sexualmoral vor der Ehe wurde nicht übernommen. Im *Untertan* wird das in einer Fabrikszene deutlich. Die Sprache unterschied sich stark. Die feinen Unterschiede gewannen gewissermaßen an Bedeutung.

Daneben gab es natürlich auch eine Masse an nicht-respektablen Arbeitern, die durch Trinken und Fluchen auffielen. Man hat es also mit der Aneignung bürgerlicher Lebensformen und zugleich scharfer Klassentrennung zu tun.

Es blieb eine gewisse Staatsferne, geprägt auch durch die Sozialistengesetze. Das galt gerade für die sozialdemokratischen Arbeiter. Der Staat wurde als Obrigkeitsstaat und Instrument der herrschenden Klasse erfahren. Man fühlte sich als radikale Opposition voll legitimiert. Für die katholischen Arbeiter galt eher eine Fremdheit gegenüber diesem Staat.

Bedeutend war die Organisation der Arbeiter in Gewerkschaften. Zur Vertretung ihrer Interessen haben sich die Arbeiter im Laufe der Zeit in Gewerkschaften zusammengeschlossen. Sie konnte kollektive Aktionen organisieren. 1877/78 schätzt man 56000 Mitglieder der sozialistischen Gewerkschaften.[163] Nach 1878 werden sie zur Zielscheibe des Sozialistengesetzes. 1889 können sich gewerkschaftliche Organisationen wieder bilden, zum Beispiel der Bergarbeiterverband. Seit 1890 kommt es zu einem Aufschwung der Gewerkschaften. Seit dieser Zeit haben die Gewerkschaften nicht mehr die Handwerker, sondern vor allem die Industriearbeiter organisiert. Die Mitgliederzahlen stiegen seit 1890 immens an. 1907 gibt es 1,9 Millionen Mitglieder.

Die Rekrutierungserfolge der Gewerkschaften unterschieden sich sehr nach einzelnen Gewerbesektoren, Betriebsgrößen und Arbeitergruppen. Frauen und Jugendliche waren schwer zu organisieren, ebenso Landarbeiter. Die Mitgliedschaft war überproportional facharbeiterbestimmt. Die organisierten Arbeiter waren nicht nur besser ausgebildet, sondern auch allgemein besser schulisch gebildet. Damit hängt auch die starke Stellung in mittleren und größeren Kleinbetrieben zusammen. Diederichs Papierfabrik mag ein solcher fiktiver Fall sein. In

---

163 Vgl. Nipperdey, Ddeutsche Geschichte, S. 322.

ganz kleinen Betrieben war die gewerkschaftliche Stellung schwach, aber auch in den großen modernen Betrieben.
In ihren Zielen und Aktivitäten waren die Gewerkschaften multifunktionale Organisationen. Sie vertraten die Interessen der Arbeiter gegenüber den Unternehmern und sie betrieben Sozialpolitik. Sie wirkten an allen Institutionen mit, an denen Arbeiter beteiligt waren: Krankenkassen, Gewerbegerichte usw.
Die Gewerkschaften organisierten auch auch die Selbsthilfe der Mitglieder, wie Hilfskassen, Rechtsberatung und Bildungsaktivitäten. Sie gehörten auch abseits der Streiks zur Arbeiterkultur.
Es ging den Arbeitern nicht schlechter, aber da es der Industrie besser ging, wurden die Verteilungskämpfe härter. Facharbeiter waren unentbehrlich und so bei guter Konjunktur in einer guten Position. Klassenbewusstsein und Organisationsgrad wuchsen an und die Streikerfahrung nahm zu. Alle diese Faktoren erhöhten die Streikbereitschaft.
1889 kam es zu einem großen Bergarbeiterstreik. Bismarck war für die Neutralität des Staates, aber der neue Kaiser Wilhelm II. wollte die Unternehmer zum Einlenken bringen. Der Kaiser empfing die Streikdeputierten und richtete eine Ansprache an sie. Die Unternehmer machten darauf wesentliche Zugeständnisse.

Das Bildungswesen

Da im *Untertan* die Schule als eine der Sozialisationsinstanzen angesprochen wird, soll auch hier eine historische Beschreibung erfolgen.
Die Schule war ein wesentlicher Teil der politisch – sozialen und kulturellen Ordnung.[164] Die politischen Konflikte der Zeit wurden auch über die Schulpolitik ausgetragen. Das Schulsystem war nach höheren und niederen Schulen geteilt.
Die überwiegende Mehrheit der Schüler besuchte die Volksschule. Eine Grundschule gibt es erst seit 1920. Diederich besucht dann später das Gymnasium.

---

164 Vgl. ebd., S. 531.

Die Schule wird im Laufe der Zeit inhaltlich moderner. Zu den elementaren Kulturtechniken wie Lesen und Schreiben kommt auch die Ausdrucksschulung. Sie wird aber auch national, gerade im Geschichts- und Geographieunterricht, ebenso bei der Durchsetzung der Hochsprache. Die Schule stand also nicht außerhalb des sozialen Wandels. Man setzte auch auf Selbsttätigkeit. Aber man muss auch das Veraltete betonen. Da geht es auch um den Schulstil. Gefragt wurde nicht nach Neigungen, sondern es ging um Zucht und Autorität. Das kommt im *Untertan* gut zur Geltung. Die Schulaufsicht erwartete Ordnung und die Schule handelte danach.

Die Prügelstrafe spielte eine große Rolle. Der Stil lässt sich, aber das in ganz Europa, als autoritär bezeichnen. Gefragt waren Anpassung an die gegebene Herrschaftsordnung, Konsens und Loyalität.

Die politische Wirkung der Schule ist nicht leicht einzuschätzen. Zwischen 1871 und 1912 haben immer mehr ehemalige Schüler die Sozialdemokraten gewählt und es haben die demokratischen Tendenzen im linksbürgerlichen Lager zugenommen. Die Lehrer waren in der Mehrheit nicht national, sondern eher linksliberal und Anhänger des Zentrums. Die soziale Entwicklung war stärker als die Lehrpläne. Die Schulwirklichkeit war mehr politische Mitte, als die Vorgaben der Schulbehörden erkennen lassen.

Insofern sollte man den *Untertan* meiner Meinung nach nicht einfach als soziologische Studie verstehen, sondern er bleibt Satire.

Die Schule der Oberschicht und der oberen Mittelschicht war das Gymnasium. Es war die nationale Schule schlechthin. Die gesamte bürokratische, parlamentarische und ökonomische Führungsschicht war mit dem Gymnasium verbunden.

Über die Mentalität der Lehrer an den Gymnasien gibt es wenig Gesichertes.[165] Ein großer Teil war wohl Reserveoffizier, was sich sicher auf den patriotischen Stil auswirkte. Man kann dies bei Fontane und Raabe lesen. Die Oberlehrer waren stark im Alldeutschen Verband vertreten. Mehrheitlich waren sie eher dem Status quo als Reformen zugeneigt.

Neben diesem Oberlehrer-Nationalismus gab es aber auch die großen Reformbewegungen, die nicht erst in Weimar ihren Beginn haben.

---

165 Vgl. ebd., S. 560.

Reformgymnasien oder auch Reformzüge mit neusprachlichen Fächern werden in den großen Städten eingerichtet. Es wird mit Wahlfreiheit und Kurssystem experimentiert und das mit Hilfe des Staates. Schulorganisatorisch konnte man nun leichter zwischen den verschiedenen Typen der höheren Schule (Altsprachlich, Realgymnasium) wechseln.

Nach und nach entstehen die weiterreichenden pädagogischen Reformbewegungen, allerdings mit durchaus unterschiedlichen Zielsetzungen: völkisch-romantisch, mehr liberal-sozial, eher kulturkritisch. Es entstanden die Landerziehungsheime, deren Ursprung aus der Lebensreform kommt. Gemeint ist eine Schule fern der Stadt, fern der Überzivilisation, des Alkohols. Eine Schule, die Lebensgemeinschaft sein sollte, in der sich ein persönliches Verhältnis zwischen Lehrern und Schülern entwickelt. Inhalt war Arbeit, Spiel und Feier, die Bildung von Körper und Seele und Kunstsinn, auch von praktischen Fähigkeiten.

Es ging um eine Lebensstätte der Jugend anstelle autoritärer Lehranstalten.

Eine zweite Bewegung war die „Pädagogik vom Kinde aus". In der Schule sollte es nicht auf Ziele und Pläne ankommen, sondern auf den Anspruch des Kindes auf Entfaltung. Es war eine Bewegung gegen die Verständnislosigkeit gegenüber Kindern, gegen die Vorherrschaft von Disziplin und Leistungsorientierung.

Als dritte Bewegung kann die der Kunsterziehung bewertet werden, die den ganzen Menschen bilden soll. Gegen die einseitige Betonung des Verstandes wird das Recht des Gefühls und der Sinne gesetzt.

Geht man von den Reformbewegungen aus, so fällt das Konservative im normalen Schulsystem auf, so sehr es auch da Modernisierungen gegeben hat. Fortschritt und Stillstand, das gab es eben alles gleichzeitig.

Neuerungen kamen nicht nur von bildungspolitischen Außenseitern, sondern aus den Erziehungsbehörden selbst.

Die Hochschulen

Diederichs Sozialisation ist auch durch die Universität und hier vor allem durch das Korpswesen geprägt, daher soll im Folgenden dieser Bereich näher beschrieben werden.

Fechtmeister der Universität Heidelberg um 1910[vi]

Die Universitäten und Hochschulen sind Hauptträger von Wissenschaft und Forschung. Durch sie genießt das Deutsche Reich weltweit Anerkennung. Die finanziellen Leistungen des Staates für die Hochschulen sind erheblich.

Die Hochschulen waren Staatsanstalten und bildeten mit Beamten und freien Berufen die staatstragende Schicht aus, die für das Bürgertum repräsentativ war.

Es gab aus alten Traditionen eine Subkultur mit eigener Sprache, eigenem Stil und eigenen Normen.[166] Dies waren die Verbindungen. Die „Ehre" musste gewahrt und mutig gehen jede Beleidigung verteidigt werden. Das ist an einigen Textstellen im *Untertan* auch deutlich herauszulesen. Das waren eigentlich feudale, kriegerische Relikte in einer bürgerlichen Welt. Dazu gehörte auch das Fechten.

Das wirkliche Duell hatte bereits an Bedeutung verloren, es wurde ersetzt durch die Mensur, die nicht mehr lebensgefährlich war, aber eben doch Narben, genannt Schmisse, hinterließ. Dazu gehörte auch das Trinken, die „Kneipe". Der „Kommers" war durch ritualisierte Trinksitten gekennzeichnet, die oft ausarteten.

Die besondere Bedeutung der Ehre führte zur Unterscheidung, wer „satisfaktionsfähig" war und eben dies nicht war. Auch dies wird im *Untertan* angesprochen.

Es war die Frage der Kastenzugehörigkeit. Obwohl die Verbindungen republikanische Verfassungen hatten, waren sie stark autoritär geprägt. Durch Gehorsam konnten die Jungen, die „Füchse" aufsteigen und der Konformitätsdruck war sehr stark.

Die Verbindungen zu den alten Herren boten den Jungen Beziehungen und Patronage. Beispielhaft hier im Roman die Möglichkeit Diederichs sich mit der Hilfe eines alten Herrn vor dem Militärdienst zu drücken.

Unter den schlagenden Verbindungen, also jene mit Mensur, standen nach Prestige die Corps an der Spitze, vor allem die im Kösener SC. Hier wurde das Offizierskorps imitiert, das schneidige Auftreten und der forsche Stil der Rede. Monokel und Schnurrbart gehörten dazu.

Dann folgten die Burschenschaften, die bürgerlich und ursprünglich revolutionär und liberal waren. Auch sie wurden konservativer, da ja die

---

166 Vgl. ebd., S. 582.

Reichsgründung erreicht war. Ähnlich war es bei den Landsmannschaften.

Es gab auch nichtschlagende Verbindungen wie etwa die katholischen Cartellvereine (CV).

Die politische Grundstimmung in den Verbindungen ist zunehmend national-patriotisch. Eine Ausnahme bilden die katholischen Studenten, die, geprägt auch durch den Kulturkampf, politisch der Zentrumspartei nahestehen. Auch der Antisemitismus breitet sich aus. Corps und Burschenschaften gehen in den 80er und 90er Jahren dazu über, keine Juden mehr aufzunehmen.

Seit 1900 werden die Verbindungen zunehmend imperialistisch. Man gibt sich nun begeistert von Flotten- und Kolonialpolitik.

Die Künste

Wenn man sich heute ein Bild von der Epoche des Wilhelminismus macht, dann gerät man in Versuchung, eben nur einen Obrigkeitsstaat mit Marschmusik zu erleben. Aber das ist eben nur ein Teil dieser Epoche. Moderne Entwicklungen gab es auch in den Künsten.

Die moderne Malerei hat sich als „Opposition gegen Akademie und Hof"[167] entwickelt. Der Kaiser pflegte einen traditionellen Geschmack und wollte diesen auch durchsetzen. Aber entscheidend war, dass sich im monarchischen Obrigkeitsstaat trotz der persönlichen Einwendungen des Kaisers im Großbürgertum und in der offiziellen Kultur die Moderne durchsetzen konnte.

In der Architektur sei an dieser Stelle der Jugendstil hervorgehoben. Es ist eine Bewegung, die viele Künste verbindet. Sie übernimmt florale Formen aus der Natur. Es handelt sich um eine Abkehr vom Historismus. Hervorzuheben ist hier die Darmstädter Künstlerkolonie Mathildenhöhe, die auf Initiative des kunstsinnigen hessischen Großherzog Ernst Ludwig entstand. Bekannt sind zum Beispiel Olbrich und Behrens, die individualistische Häuser in Darmstadt schufen. Behrens macht sich auch als Industriearchitekt einen Namen.

---

167 Nipperdey, Deutsche Geschichte, S. 709.

Der Aufbruch der Architektur „bezeugt dynamische Modernität in einer eben nur scheinbar obrigkeitlichen und konservativen Gesellschaft..."[168] Dies lässt sich auch an einem weiteren Beispiel belegen, der Literatur.

Die Literatur

Im Kaiserreich entstanden immer neue Verlage. Durch das Auslaufen des Klassikermonopols von Cotta konnte Reclam Werke wie den *Faust* neuen Leserschichten zugänglich machen. Ähnlich auch die Insel-Bücherei. Die Umsätze im Literaturhandel nahmen stark zu und seit der Jahrhundertwende spielte auch der Bahnhofs- und der Straßenbuchhandel eine große Rolle.

Neben dem Kauf von Büchern spielt die Bücherleihe eine große Rolle. Romane machen den Hauptteil der Entleihungen aus.[169] Seit den 90er Jahren kamen die Lesezirkel hinzu, die Leihbüchereien stagnierten. Es gibt die Büchereien der Volksbildungsvereine und auch die Arbeiterbibliotheken. Die Bücherhallen zielen auf die ganze Gesellschaft als Leser.

Ein weiteres wichtiges Medium der Verbreitung von Literatur waren die Zeitschriften. Es war nicht unüblich Fortsetzungsromane in Zeitschriften zu veröffentlichen, so wie das der Fall bei Keller, Meyer, Storm, Raabe und Fontane war. Am ehesten bekannt ist hier die *Gartenlaube*. Werke von Fontane sind sogar zunächst in der *Vossischen Zeitung* abgedruckt worden. Der Fortsetzungsroman wird bald Bestandteil jeder Zeitung und die Literatur wird eine Institution.

Lesen und Literaturkonsum werden allgemeine Beschäftigung. Es gibt sowohl ein Massen- als auch ein Bildungspublikum.

Die Gymnasiallektüre und die Literaturgeschichten und Theater sorgen für die anerkannte hohe Literatur, die als Bildungsgut gilt. Nach 1900 wurden Autoren auch zu öffentlichen Personen.

Literatur gehörte auch zur Arbeiterkultur, wobei nur 5 % auf marxistische Literatur entfielen.

Das Verhältnis zwischen Staat und Literatur war nicht immer spannungsfrei, denn der Staat konnte Zensur üben, beispielsweise wenn

---

168 Ebd., S. 733.
169 Vgl. Nipperdey, Deutsche Geschichte, S. 753.

es um Verstöße gegen die Sittlichkeit ging. Der Kampf mit der Zensur war so denn auch ein Lieblingsthema der liberalen Presse. Die Zensur war gelegentlich willkürlich. Schon das Erwähnen von negativen Fakten konnten für ein Verbot ausreichen, wie es bei Hauptmanns „Die Weber" der Fall war.

Aber wichtig zu betonen ist auch, dass alle Polizeimaßnahmen der gerichtlichen Überprüfung bedurften und diese vielfach zur Aufhebung führten. Die Gerichte legten die Gesetze mehr und mehr im liberalen Sinne aus und das durchaus gegen die Regierung. Gerade bei der Frage der „Sittlichkeit" entschieden sie auch oft gegen die öffentliche Meinung. Wir haben es hier also nicht mit einem Obrigkeitsstaat zu tun, der alles Missliebige wegzensieren konnte. So haben die Gerichte zu einer Liberalisierung der öffentlichen Meinung und der Polizeiarbeit beigetragen.

Es zeigte sich, dass bei abweichenden Moralvorstellungen die bürgerliche Liberalität vor der Sicherung des Obrigkeitsstaates rangierte.

Nach der Literaturepoche des bürgerlichen Realismus (Fontane) folgt die erste Welle der Moderne, vertreten durch den Naturalismus. Es handelt sich zunächst um eine jugendliche Revolte gegen die etablierte Literatur. Es geht später gegen die bürgerlichen Werteordnungen der Zeit, gegen den Status quo der Gesellschaft und des Reiches. Es beginnt mit wilder Polemik und mit Außenseitertönen der 80er und frühen 90er Jahre. Es erfolgte eine Modernisierung der Literatur insgesamt.

Es ging um die Darstellung der Wirklichkeit und keiner abgemilderten wie im bürgerlichen Realismus. Die moderne soziale Wirklichkeit sollte beschrieben werden und das führte zur Neuerung der Thematik und des Stils. Zur Thematik lässt sich sagen, dass es nun keine Begrenzung der Themen mehr gibt. Es gibt keine moralischen Tabus, keine Vorbehalte gegen das Hässliche und das Schmutzige. Dagegen gibt es die entschlossene Hinwendung zu den Themen der Zeit: großstädtische und industrielle Wirklichkeit und deren Nachtseiten, wie Elend, Krankheit, Verfall, Prostitution und Alkoholismus.

Entgegen dem früheren Idealismus geht es bei den meisten Themen um Armut und Elend. Dagegen spielt die moderne industrielle Arbeitswelt kaum eine Rolle. Neue Themen sind aber auch Verhältnis der

Geschlechter, Probleme der Sexualität, Lobpreis der Sinnlichkeit. Es erscheint das Bild der emanzipierten Frau.

Herausragend ist das Drama und hier vor allem Gerhart Hauptmann.[170] Bekannt, noch heute, vor allem „Die Weber", „Rose Bernd" und „Die Ratten".

Um 1890 geht die Dominanz des Naturalismus zu Ende. Die darauf folgende Epoche hat viele Richtungen und verschiedene Namen: Dekadenz, Symbolismus, Impressionismus, Neuromantik, Jugendstil. Diese neue Literatur entsprach einem veränderten Lebensgefühl, einem neuen Welt- und Menschenbild des Bürgertums oder eines Teiles hiervon. Literatur verstand sich als Reaktion auf die Probleme, die die moderne Zivilisation mit sich brachte.

Man wendet sich ab vom Engagement, von Entrüstung und Weltverbesserung, von den sozialen Problemen, von Sozialismus und Politik.

Die neue Literatur wendet sich gegen die Dominanz der gesellschaftlichen Themen, der Zustände, der Milieus. Das Ich wird zentral und man kann von einem Persönlichkeitskult sprechen.

Zunächst geht es um die Dekadenz[171]. Die Dichter erleben die eigene Zeit als Spätzeit, man spricht vom fin de siècle. Die Verhältnisse werden immer komplexer und differenzierter, die Menschen immer verfeinerter, sensibler und nervöser. Es wird sozusagen schick, nervös zu sein. Es entstand eine Vorliebe für das Morbide, das Raffinierte, das Rauschhafte. Themen sind Sadismus, Inzest, exzentrische Frauentypen. Auch wer die Phänomene der Dekadenz weniger schätzt, wie Thomas Mann, ist doch von ihnen fasziniert.

Zur Dekadenz gehört das Gefühl für die Untergänge, für die Melancholien. Das Sterben fasziniert. Da sind untergehender Adel, leidende Künstler und Spätgeborene. Es geht um die Melancholie des Unerreichbaren oder um die sterbende Schönheit Venedigs. Die Faszination durch die Untergänge hat ihren Grund darin, dass hier die

---

170 Gerhart Hauptmann (1862-1946), bedeutendster Vertreter des deutschen Naturalismus.

171 Dekadenz (lat. cadere - fallen) meint den Niedergang einer Gesellschaft oder Kultur aufgrund von Sittenverfall, Bequemlichkeit und hohen Ansprüchen.

erhöhte Sensibilität gegenüber der unsensiblen Bürgermentalität zum Ausdruck kommt.

Es gibt auch eine Hinwendung zum Leben und zwar zur Offenheit und Empfindlichkeit. Es gibt die Jugendstilbewegung zum vitalen und jugendlichen Leben, zum pflanzlichen Leben. Fernes und fremdes Leben wird ein Medium der Selbsterfahrung, der Bereicherung und Verwandlung. Deshalb spielen Reisen und Reisetagebücher eine so große Rolle. Man kann geradezu von einem Exotismus reden. Nicht nur das Mittelmeer und der Orient, auch die ferne Südsee wird zum Sujet.

Ein anderes Thema ist das sich wandelnde Verhältnis zur Erotik. Bürgerliche Ehe- und Sexualmoral verliert an Bedeutung. Die Erotik gehört nun auch zur Selbstverwirklichung, jenseits von Gesellschaft und Ordnung. Die sexuelle Revolution des 20. Jahrhunderts beginnt in der Literatur.[172] Vor 1914 hat das die Normen noch nicht verändert, aber eine freie Diskussion erst ermöglicht.

Es gibt bezogen auf das Erotische eine reine Genussmoral, die Abwechslung, die Episode, alles ohne besondere Bedeutung, geschmackvoll und ein wenig pikant beschrieben. Es gibt auch das Ideal der großen, bedeutungsvollen Abenteuer.

Das Individuum und seine persönliche Freiheit und seine Selbstverwirklichung stehen für die neue Literatur im Zentrum. Staat und Politik bleiben außen vor, ja, selbst der Nationalismus, der doch fast alle Bürger vereint, denken wir nur an Diederichs Umfeld, spielt, was erstaunlich ist, keine Rolle.

Auch das sollte vor dem Hintergrund beachtet, dass diese Zeit wohl manigfaltiger war, als es von manchen Wissenschaftlern angenommen wird, die das Kaiserreich als Vorstufe des Nationalsozialismus sehen, bzw. von einer Kontinuität sprechen.[173]

Verpflichtungen sind zweitrangig, Kunst hat die Tendenz zum Gesellschaftsfeindlichen. Sie zersetzt die Bürgerwelt und die Kritik an ihr hat einen leicht anarchischen Zug.

Außenseiter spielen deshalb eine wichtige Rolle, die Bohème[174] ist nicht nur die Lebenswirklichkeit der Autoren, sie ist auch Thema, als

---

172 Vgl. Nipperdey, Deutsche Geschichte, S. 777.
173 Interessant ist hier der Diskurs zwischen Nipperdey und den Vertretern der „Bielefelder Schule".

Gegenwelt, als Freiheit vom Bürgerzwang. Das Dekadente ist auch immer ein Angriff auf die Respektabilität der Bürger. Die Faszination für das Ästhetische wird antimoralisch und antibürgerlich.

Aus der Antibürgerlichkeit stammt die Tendenz zum Extremen. Die deutschen Autoren sind individualistischer, antikonventioneller und ekstatischer als beispielsweise die englischen. Diese antibürgerliche Opposition war elitär.

Die Literatur steht der bürgerlichen Welt gegenüber. Sie beschreibt sie gerade in ihrer Modernität in ihren Krisensymptomen, im großstädtischen Leben.

Die neue Wendung in der Literatur kommt am klarsten in der Lyrik zum Ausdruck, denn hier entsteht die lyrische Sprache der Moderne. Der europäische Aufstand gegen Naturalismus und Realismus ist vom französischen Symbolismus ausgegangen. Das bestimmt auch die moderne Lyrik in Deutschland.

Poesie gibt primär nicht wieder, nicht Natur und nicht Wirklichkeit. Sie ist etwas Eigenständiges, sie hat in der bildhaften Prägung ihre eigene Realität, sie ist autonome Sprachkunst. Die Lyrik steht wie Musik nur in einem symbolischen Verhältnis zu den Dingen und ihren Zusammenhängen. Sie ist Selbstzweck.

Der berühmteste Vertreter des Symbolismus ist wohl Stefan George[175]. Er hat diese Kunstrichtung in aller Radikalität umgesetzt und fühlte sich im stärksten Gegensatz zum Wilhelminismus und der Bourgeoisie. Kunst ist nicht Spiegelbild, sondern Gegenbild. Seine Gedichte sind strenge Formengebilde, gegen alles Alltägliche, subtil. Er beginnt mit einer Vorliebe für Dekadenzthemen. Später folgen Naturgedichte. Alle Dichtungen verweigern den Gebrauch, sie haben ihre eigene Einsamkeit. Sie haben Kultcharakter und richten sich an auserlesene Verehrer.

---

174 Bohème von franz. Bohême (Böhmen) meint das Milieu großstädtischer Künstler und Intellektueller, die in Armut leben, aber die Kunst hoch schätzen, aber eine Geringschätzung des Geldes pflegen. Es sind unbürgerliche Künstler und Dichter.

175 Stefan George (1868-1933), deutscher Lyriker, Mittelpunkt des George-Kreises.

George wird einer der großen Erneuerer der Sprache. Der Dichter wendet sich gegen den Ungeist der Zeit, die Großmannssucht, den Fortschrittswahn. Er schart um sich einen Kreis von Schülern, was etwas befremdlich wirkt aufgrund der Abhängigkeiten, aus dem der Hitler-Attentäter von Stauffenberg stammt.

Dann Frank Wedekind, der mit „Frühlings Erwachen" ein verstörendes Werk über die Lebensmacht der Sexualität abliefert,

Und natürlich Thomas Mann mit den *Buddenbrocks*, die vom Abstieg einer Familie berichten. Das Dekadenzthema ist hier allgegenwärtig, der Schwund an Vitalität, der mit einer geistig-ästhetischen Sensibilisierung einhergeht. In seinen Werken spielen die Morbiden und Kranken, Inzest und Homoerotik und das Fin-de-siècle-Milieu eine große Rolle. Und dann sein großes Thema: Künstler und Bürger. Thomas Mann ist Teil beider Welten, der ästhetischen und der bürgerlichen Existenz. Beiden kann er ironisch gegenüberstehen.

Und dann natürlich Heinrich Mann, um den es ja hier vor allem geht. Zunächst Teil des fin de siècle, Liebe zur Dekadenz und Lebensrausch. Schon die frühen Romane sind zeit- und bürgerkritisch, entlarvend und satirisch, aber noch nicht recht überzeugend.

Aber das steigert sich über *Professor Unrat* bis zum *Untertan*, der karikierenden Anklage gegen das obrigkeitsstaatliche Deutschland, gegen die Deformation der Charaktere in einem solchen Staat. Hier spürt man den Republikaner, den aufklärerischen Literaten. Damals erst eine Ausnahme in der deutschen Literatur, aber immerhin mit einer Auflage von 50000 Bänden (1918).

Wichtig auch Hermann Hesse[176] mit Entdeckung der Natur, Regionalismus und Zivilisationsmüdigkeit. Dabei aber abseits der Heimatkunst, jugendlich-rebellisch gegen Autoritäten.

Dann auch die Lebensreformbewegung. Ebenfalls eine Oppositionsbewegung, nicht nur gegen Kapitalismus und Sozialismus, sondern auch gegen den Wilhelminismus. Man vereinfacht zu sehr, wenn man diese Bewegung nur vorschnell als eine Mischung aus Nationalismus und Innerlichkeitspathos, als Prä-Faschismus beschreibt.

---

176 Hermann Hesse (1867-1962), deutsch-schweizerischer Schriftsteller, Dichter und Maler.

Literarische Themen dieser Bewegung sind die ländliche Umwelt, der Dorf- und Bauernroman.

Mit dem Expressionismus haben wir es mit dem letzten Neuaufbruch der bürgerlichen Vorkriegswelt zu tun, die nicht nur ein Stil der Malerei, sondern eben auch Kunstform der Literatur ist. Es war eine Revolution der Jugend gegen die Welt der Bourgeoisie, die Welt der Hierarchien, der Autoritäten. Es war auch eine Kunstrevolution gegen Realismus, Naturalismus und Impressionismus. Kunst ist nun Gestaltung der Welt aus dem Innern, also Ausdruck. Das war auch eine Revolution gegen den Ästhetizismus der Jahrhundertwende, die Zentrierung auf Schönheit.

Es herrscht die Tendenz zu Provokation, Schock und Bürgerschreck, zur Groteske, zur Travestie des Erhabenen. Daneben aber auch die Faszination für das Leben, ein gewaltiger Vitalismus.

Biographie:

Heinrich Mann wurde im Jahr der Reichsgründung 1871 in eine Lübecker Kaufmannsfamilie geboren. Eine Buchhandelslehre gibt er aus Desinteresse auf, denn er möchte schreiben. 1891 beginnt er eine Lehre bei S. Fischer in Berlin. Wichtig war für Heinrich vor allem, dass er nun in der großen Stadt leben konnte.

Dann, eine auffallende Parallele zum Untertan: „Heinrich lebte in Berlin wie im Rausch. Intellektuelle und andere Genüsse machten ihn unempfänglich für warnende Hinweise aus der Heimat, dass es seinem Vater schlecht gehe. ... Aus Lübeck schrieb die Mutter am 4.Oktober 1891: „Mein lieber Heinrich. Dein guter Vater ist sehr krank. Nach meiner Ansicht ist es geraten, dass Du recht bald kommst, um, falls es nötig ist, ihm noch die Hand zu reichen und ihm, mit uns allen, nahe zu sein." Heinrich bat bei Fischer um Urlaub. Noch bevor er in Lübeck eintraf, starb sein Vater am 13. Oktober 1891 mit 51 Jahren an Harnvergiftung (Urämie). Das Begräbnis wurde mit großem Pomp begangen. Die Liquidation der Firma ergab 400 000 Mark (Julia Mann hatte auf die doppelte Summe gehofft; die monatlichen Zinsen für die Mutter betrugen 600 Mark, für beide Brüder je 180 Mark – aber erst nach der Volljährigkeit auzuzahlen.)"[177]

Heinrich Mann bildete sich vor allem aus Lektüren und aus Theaterbesuchen. Er ließ sich durch Berlin treiben, wobei die Sexualität offenbar eine wichtige Rolle einnahm.

Es folgte ein Leben voller Reisen, vor allem nach Italien. Seit 1892 schrieb er Kritiken und Essays für die Wochenschrift *Die Gegenwart*. Er wendet sich den französischen Symbolisten zu, während er dem Naturalismus in den *Webern*[178] nichts abgewinnen konnte. Doch ebenso stark wurde sein Hang zum Realismus, was sich in einer oft nüchternen, auch zynischen Betrachtung zeigte.

---

177 Manfred Flügge: Heinrich Mann. Eine Biographie. Reinbek 2006, S.36.

178 Die Weber, soziales Drama von Gerhart Hauptmann, erschienen 1892. Das Drama behandelt einen Weberaufstand. Zunächst wurde die Aufführungen verboten, was das Berliner Oberverwaltungsgericht aber aufhob.

1895 bis 1896 war Heinrich Mann Herausgeber der Zeitschrift *Das zwanzigste Jahrhundert*, die im Verlag der Neuen Deutschen Zeitung erschien, der Tageszeitung der Deutschen Sozialen Antisemitischen Partei.

Diese Zeitschrift stand für radikalen Antisemitismus mit der Absicht, die Emanzipation der Juden rückgängig zu machen.[179] Später hat sich Thomas Mann über die politische Wandlung seines Bruders gewundert.

Heinrich vertrat Positionen, die so gar nicht zu seinem späteren Leben passen sollten: starke Monarchie, Ständeverfassung, gegen Demokratie und Sozialismus, für Volksgemeinschaft, gegen eine bürgerliche Republik. Den Krieg sah er als heimliche Lebenskraft, Eroberung von Lebensraum schien ihm geraten und außerdem gehörten Frauen nicht in die Politik.[180]

Auffallend war auch sein völkischer Antisemitismus. In einem Artikel von 1895 äußerte er, dass Juden keine Deutschen sein könnten.[181] Man müsse für die Unterdrückung der Judenschaft eintreten.

Es handelte sich jedoch um eine Phase und in seinem Werk kann man verfolgen, wie er sich vom Antisemitismus gelöst hat.[182]

Erstaunlich ist jedoch, dass der Staatsanwalt Jadassohn im *Untertan* durchaus in antisemitischen Stereotypen beschrieben wird, wie ich meine (listig, frivol).

Die Jahre ab 1896 haben Heinrich dann auf einen politisch neuen Weg gebracht. Er besuchte Italien und begeisterte sich für Kunst und Kultur. Nach Florenz wurde Rom zum großen Erlebnis.

Gerade als Heinrich der literarische Durchbruch gelang, trat der Erfolg seines jüngeren Bruders Thomas Mann ein, der seine eigene Karriere überschatten sollte. Es fiel ihm schwer, dies zu akzeptieren.

Die finanziellen Bedingungen für Autoren besserten sich um 1900. Für Bücher galten nun feste Ladenpreise und der Buchmarkt und das literarische Leben erlebten eine Blüte.

---

179 Vgl. Flügge, S.53.

180 Vgl. ebd., S. 54.

181 Vgl. ebd., S.55.

182 Im *Untertan* begegnet uns ein Herr von Barnim, der ähnlich antisemitisch eingestellt ist.

Der Verleger Albert Langen musste Heinrich aber noch mit Aufträgen für Übersetzungen versorgen, um sein wirtschaftliches Überleben zu sichern, denn die Auflagen waren niedrig.
Tief traf ihn wohl die Ablehnung seines Werkes durch Thomas, der ihm Stillosigkeiten und sprachliche Mängel vorwarf. Insbesondere kritisiert er auch einen „Sexualismus" in seinem Werk.
1905 erscheint *Professor Unrat*, ein Roman über einen Schultyrannen, der seinen Schülern unsittliches Verhalten nachweisen will und dabei in den Bann der Sängerin und Tänzerin Rosa Fröhlich gerät. Er macht diese Sängerin zum Instrument seiner Rache an der ganzen Stadt, deren Moral er untergräbt. Rosa heiratet Unrat, der eigentlich Rath heißt, und gemeinsam etablieren sie das Laster in der Stadt. Unrat wünscht sich sogar den Untergang der Stadt. Schließlich wird Unrat verhaftet.
Im anbrechenden Jahrhundert fand Heinrich Zugang zu künstlerischen Kreisen in München, später auch in Berlin und Wien. 1902 lernte er Frank Wedekind[183] kennen und schloss sich dessen Stammtisch in den Torggelstuben neben dem Hofbräuhaus in München an. Auch zu Arthur Schnitzler[184] gab es losen Kontakt.
Heinrich stand der Politik, auch in ihrer parlamentarischen Form, reserviert gegenüber. Im Essay *Reichstag* gab er seine Eindrücke von Reichstagssitzungen wieder, denen er selbst beigewohnt hatte. Der Text erschien 1912 und Heinrich Mann spricht hier vom „Volksfeind, der rechts steht", was in der Weimarer Republik als Formel Karriere machen sollte.
Er verurteilte alle Fraktionen des Parlamentes und die dortigen Umgangsformen. Heinrich mokierte sich nicht nur , er forderte im Grunde einen Umsturz. Hier entdeckt er das Feindbild des

---

183 Frank Wedekind (1864-1918), deutscher Schriftsteller, seine gesellschaftskritischen Theaterstücke gehörten zu den meistgespielten seiner Epoche. Seine Texte wurden öfters als sittenwidrig angesehen und beschlagnahmt.
184 Arthur Schnitzler (1862-1931), gilt als bedeutendster Vertreter der Wiener Moderne, *Leutnant Gustl* ist das erste deutschsprachige Werk, das ganz im inneren Monolog gehalten ist.

imperialistischen Untertanen, das einer seiner nächsten Romanhelden werden sollte.[185]

1914 heiratete Heinrich die Pragerin Marie Kahnová, genannt Mimi. Aus der Ehe ging eine Tochter, Leonie Mann, hervor.

Am 1. Januar 1914 begann die Münchner Illustrierte Zeit im Bild mit dem Abdruck des neuen Romans *Der Untertan* als Fortsetzung. Heinrich hatte dafür ein Honorar von 10 000 Mark erhalten. Doch im August 1914 wurde der Abdruck eingestellt und zwar mit Rücksicht auf die herrschende Kriegsbegeisterung. Nach dem Krieg erschien der Roman in Buchform.

Ein Unbehagen am Kaiserreich verspürte Heinrich nach 1914, nicht aber sein Bruder Thomas. Er empfand ein Wohlbehagen und er hinterfragte nicht.

Das von Bismarck geschaffene Kaiserreich stand vor zahlreichen Problemen, was zu einer latenten Spannung führte. In diesen bewegten Zeiten ist Heinrich Mann zum Autor geworden. Das prägte.

Im Jahr 1914 wohnte Heinrich Mann mit Familie in München. In einem langen Essay über Émile Zola rechnete er versteckt mit dem deutschen Kaiserreich ab. Dieser Text „war und er bleibt die große und mutige Tat von Heinrich Mann, der hier gleichsam allein gegen alle stand, auch gegen seinen Bruder."[186]

Heinrich Mann schrieb diesen Essay, während der Ausgang des Krieges noch überhaupt nicht abzusehen war. Die schlimmsten Schlachten standen noch bevor. Er hatte wohl keinen Zweifel am Untergang des Kaiserreiches und am Sieg der Demokratie. Und er behielt Recht. Wenigstens dieses Mal.

Neben dem *Untertan* war dieser Essay ein zweite Spitze gegen das Kaiserreich.

Der Konflikt mit dem Bruder

Schon lange grenzten sich die beiden Brüder voneinander ab. 1914 aber änderte sich der Konflikt, der zunehmend öffentlich und politisch wurde. Es ging nicht nur um die Einstellung zum Krieg, sondern auch um das unterschiedliche Verständnis von Literatur und um die

---

185 Vgl. Flügge, S. 116.
186 Flügge, S. 170.

Einstellung zu Frankreich. Heinrich blieb stets frankophil, während Thomas eine Abneigung gegen das Land hegte. Im November 1914 zerstritten sich die Brüder über den Krieg und vermieden seither den Kontakt. Thomas griff den Bruder 1918 in den *Betrachtungen eines Unpolitischen*[187] hart an, ohne ihn auch nur ein einziges mal zu erwähnen. Man ging sich weiterhin aus dem Weg. Trotzdem blieb das Interesse am anderen bestehen.

Der Untertan

Zu Beginn des Jahres 1919 kam *Der Untertan* in den Handel. Am Erscheinungstag lagen schon 10 000 Bestellungen vor. Bald waren schon 100 000 Exemplare verkauft. Das Erscheinen des Romans galt als nationales Ereignis und Heinrich stand im Rampenlicht.
Aber das blieb nicht so. Mit dem *Zauberberg* entschied Thomas Mann ein für alle mal, wer der
größere Schriftsteller war. Aber auch im Zauberberg scheint der Bruderzwist auf. In den Reden
von Settembrini geht es um Politik, Gesellschaft und die Rolle der Literatur. Wahrscheinlich ist es eine Wiederholung der Kontroverse mit seinem Bruder.
Zum 50. Geburtstag von Thomas am 06. Juni 1926 sprach Heinrich Mann auf einem Empfang in München. Das war der öffentliche Friedensschluss der Brüder.
1930 dann kommt *Professor Unrat* als *Der blaue Engel* in die Kinos. Ein großer Erfolg.
Nach der Trennung von Mimi tritt Nelly Kröger aus armen Verhältnissen und von zweifelhaftem Ruf an ihre Stelle.
1931 wurde Heinrich Mann Präsident der Sektion Dichtkunst der Preußischen Akademie der Künste. 1933 wurde er gezwungen, die Akademie zu verlassen. Er flüchtete nach Frankreich.

---

187 In den *Betrachtungen eines Unpolitischen* unterstützt Thomas Mann die Kriegspolitik des Deutschen Reiches. Den westlich-demokratischen Ideen der Kriegsgegner Frankreich und Großbritannien stellt er einen deutschen Sonderweg entgegen. Zu diesem Zweck konstruiert er einen Gegensatz zwischen Zivilisation und Kultur.

Im September 1933 zog er mit Nelly Kröger nach Nizza. Nelly machte Schulden und bereitete ihm allerhand Kummer. Im Januar 1939 unterzog sich Nelly bei Nizza einer Entziehungskur.

Problematisch war die finanzielle Situation. Heinrich verfügte über wenige Kontakte in Frankreich. Möglichkeiten der Veröffentlichung boten die Exilzeitschriften in deutscher Sprache, die in den Exilverlagen in Paris, Prag oder Amsterdam erschienen. Viel zu verdienen war auch dort nicht. Er arbeitete auch mit kommunistischen Blättern zusammen. Sowjetisch kontrollierte Blätter wurden nach 1933 für ihn zur wichtigsten Einnahmequelle und das blieb auch im amerikanischen Exil so.

Heinrich Mann war bestrebt, das Hitler-Regime zu bekämpfen. Auf der Suche nach Alliierten ging er ein enges Bündnis mit den Kommunisten ein und er hat sich dabei auch von deren Ideologie vereinnahmen lassen. Moskau war sehr daran interessiert, Heinrich Mann als Sympathisanten zu gewinnen, doch zunächst stand er den Kommunisten ablehnend gegenüber. Er schien aufgrund seiner Herkunft und seiner bisherigen literarischen Produktion keineswegs als Bündnispartner der Kommunisten geeignet. Johannes R. Becher, der spätere Minister für Kultur der DDR, bemühte sich sehr um Kontakt mit Heinrich Mann. Heinrich Mann ließ sich dann bewegen für eine Volksfront zu werben.

Er gehörte also zu den Sympathisanten. Diese waren im Westen keine orthodoxen Marxisten und auch keine Vertreter des sozialistischen Realismus.[188] Aber sie waren nützlich im politischen Journalismus und ihrer Mitgliedschaft in kommunistisch beherrschten Organisationen. Als Prominente konnten sie ihren Namen bereitstellen. Gleichzeitig waren sie gerngesehene Gäste in Moskau, wo sie im Hotel Metropol unterkamen. Geld spielte eine große Rolle.[189]

Bewunderung für Lenin war dabei ein wichtiges Motiv und auch Heinrich Mann schrieb zu dessen Tod 1924 panegyrische Artikel, in denen er auch repressive Maßnahmen verteidigte. So hätte der alte Buck sicher nicht gesprochen und wir sehen hier eine Wandlung.

---

188 Der sozialistische Realismus war eine ideologisch geprägte
    Stilrichtung, die den Aufbau des Sozialismus unterstützen sollte.
189 Vgl. Flügge, S. 214.

Es gab kommunistische Organisationen, die die Sympathisanten binden sollten wie das Weltkomitee gegen Krieg und Faschismus, dem Heinrich Mann verbunden war. In den USA wirkte die moskautreue League of American Writers (LAW).

Sein Betreuer wurde Johannes R. Becher. In Paris wurde eine deutsche Freiheitsbibliothek eingeweiht, deren Präsident Heinrich Mann wurde. Diese Bibliothek war kommunistisch kontrolliert. Hier wurden die im Reich verbotenen Bücher gesammelt.

In Paris fand auch ein Kongress statt, wobei Brecht schön sprach, aber die Sowjetunion nicht kritisierte, trotz der Lager in Sibirien. Oder Anna Seghers, die Debatten über die Lage in Sibirien vermeiden wollte, indem sie abgestimmte Anträge einbrachte. Golo Mann, der Sohn Thomas Manns, nannte den Kongress später einen Maskenball.[190] Es war eine große Propagandaveranstaltung der Sowjetunion bzw. der Komintern. Der Pariser Kongress war ein Schritt zur Volksfront.

1936 begangen die politischen Prozesse in Moskau, die bald zu Gräueln wurden. So wurde etwa die gesamte Spitze der KP Polens liquidiert. Aber wie reagierte Heinrich Mann? Er erwies sich als zuverlässiger Partner der Bolschewisten und übernahm alle repräsentativen Aufgaben, für die man ihn anfragte. Für ihn hatte der Kampf gegen Nazi-Deutschland Vorrang. Aber es verwundert doch sehr, dass er immer mehr Elemente der sowjetischen Propaganda übernahm.

Heinrich veröffentlichte im September 1936 in der *Neuen Weltbühne* den Artikel *Die Revolution*, wobei er die Moskauer Prozesse und die daraus resultierenden Todesurteile gegen angebliche Abweichler rechtfertigte. Er hat auch fortan öffentlich nie einen kritischen Ton über die Sowjetunion verlauten lassen. Dabei ist er keiner Einladung in die Sowjetunion gefolgt. Politisch naiv nahm er die Fortschritte dort für bare Münze.

Heinrich Mann hatte die Vorstellung, in der Sowjetunion massenhaft gelesen zu werden und erhielt auch von dort großzügige Tantiemen. Man weiß nur nicht, ob das wirklich den Auflagen entsprach oder ob es Gelder der Parteiführung für Wohlverhalten war. Johannes R. Becher betätigte sich als sein Literaturagent in Moskau und vergaß dabei nie, wie wichtig die Frage der Honorare war. Der Staatsverlag für schöne

---

190 Vgl. ebd., S. 320.

Literatur in Moskau kündigte eine 14-bändige Ausgabe seiner Werke an und zahlte in Valuta. Geldfragen standen oft an erster Stelle.
Die gute Behandlung seiner Person in Russland hat sicher auch auf das politische Urteil von Heinrich Mann abgefärbt.

Am 9. September 1939 heiratete Heinrich Mann Nelly Kröger im Rathaus von Nizza.
1940 flüchteten sie über die spanische Grenze und flogen dann nach Lissabon. Schließlich erwischten sie eine Schiffspassage in die USA. In Oktober 1940 erreichten sie New York, wo Thomas Mann am Quai wartete.
Thomas unterstützte den Bruder in Form von monatlichen Schecks. Heinrich gelang es nicht, in den USA Fuß zu fassen. Es begann eine Zeit der Not und der Enttäuschungen. Aus dieser Situation heraus nahm er wieder Kontakt mit Moskau und moskautreuen Kreisen im mexikanischen Exil auf. Über den Hitler-Stalin-Pakt wurde geschwiegen und seit dem Überfall der Wehrmacht auf die Sowjetunion konnte man als Antifaschist wieder auf Seiten des Kommunismus stehen.
Während Thomas glaubte, dass Russland geschlagen würde, glaubte Heinrich weitsichtig an einen Untergang Hitlers in Russland.
Im April 1942 wurde Heinrich durch die Sowjets ein Betrag von 3000 Rubel bewilligt, was etwa 500 Dollar entsprach. Er sah diese Zuwendung als persönliche Würdigung. Das beeinflusste wahrscheinlich auch sein Urteil. Er verbot sich Kritik an seinen sowjetischen Freunden, während er die USA ungeniert kritisierte.
Es begann ein regelmäßiger Briefverkehr mit Johannes R. Becher vom Staatsverlag. Heinrich erinnerte auch an ausstehende Zahlungen. Gelegentlich wurde ihm Geld vom sowjetischen Vizekonsul in San Francisco überbracht. In einem Brief an Alfred Kantorowicz betonte er, dass er die Sowjetunion liebe. Das klingt heute peinlich und damals auch schon.
Unterdessen gab Nelly Kröger immer öfter Geld aus, das sie eigentlich nicht hatten. Thomas verstand sich überhaupt nicht mit ihr und er beschwerte sich über ihren Alkoholkonsum und ihre Manieren. Aber die Frau war schwer psychisch krank und sie suchte den Freitod mit

Schlaftabletten. Heinrich Mann war zutiefst erschüttert. Sie hatten immer zueinander gehalten.

In seinen letzten Lebensjahren führte er noch eine umfangreiche Korrespondenz. Ansonsten war er doch sehr auf sich alleine gestellt, auch wenn der Bruder Thomas sich kümmerte.

1947 starb Mimi in Prag. 1948 brachte seine Tochter Leonie den Enkel Heinrich Paul zur Welt. Leonie hoffte auf ein Wiedersehen.

Das FBI bemerkte, dass die Kommunisten in Ostberlin versuchten, Heinrich zu einer Rückkehr in das nunmehr geteilte Deutschland zu bewegen. Bereits 1946 verband Becher seine Glückwünsche zum 75. Geburtstag mit dem Wunsch, dass Heinrich in seine deutsche Heimat zurückkehren solle. Im August 1946 erhielt er eine offizielle Einladung von der Sozialistischen Einheitspartei Deutschlands. Den Brief unterschrieben Wilhelm Pieck und Otto Grotewohl. Da er nicht auf dem Postweg befördert wurde, findet er sich nicht in den Akten des FBI.

Die Diskussion, ob er jetzt nach Ost-Berlin gehe, hielt bis zu seinem Tode an. Als 1949 die Staatsgründung der DDR anstand, wurden die Initiativen zu seiner Rückkehr verstärkt.

Golo Mann, der beim HR in Frankfurt arbeitete, riet ihm von der Rückkehr ab.

Im August 1947 erhielt er aus Ost-Berlin die Ehrendoktorwürde. Zu seinem Geburtstag am 27.03.1948 erhielt er ein Glückwunschschreiben der SED. Becher versicherte Heinrich, dass in Berlin für ihn in jeder Hinsicht gesorgt werde und er sprach von der Gründung einer deutschen Dichterakademie, als deren Präsident er, Heinrich Mann, vorgesehen sei. Selbst die SED-Spitze befasste sich Anfang des Jahres 1949 mit dieser Angelegenheit.

Es kam zu weiteren Ehrungen, Ernennungen und auch Überweisungen, aber Heinrich Mann blieb unschlüssig, obwohl sein Bruder auf die Übersiedlung drängte. Vielleicht war er damit überfordert, den alten Mann zu betreuen. Der Tod Heinrich Manns beendete dann die Diskussion.

Aber warum ging er nicht? Hatte er es etwa bereut, dass er so vereinnahmt wurde? Dafür gibt es Indizien.[191] Andererseits war aber auch die Neigung vorhanden, zu gehen. Die Russen hatten schon das

---

191 Vgl. Flügge, S. 457.

Reisegeld geschickt. In einem Brief an Alfred Kantorowicz spürte man die Vorbehalte Heinrich Manns gegen den Umzug. Vielleicht wurde ihm doch deutlich, dass er sich damit klar für eine Seite entscheiden musste. Heinrich erfuhr auch von plötzlichen Repressionen gegen Feuchtwanger, obwohl dieser doch 1936 so willfährig die Sowjetunion verherrlicht hatte. Er musste den Titel eines Buches ändern und seine Zeitschrift einstellen.

Die Gründung der DDR hinderte Heinrich dann an der Reise. Er wollte sich nicht an die Volksdemokratie verkaufen. Letztendlich fühlte er sich wohl auch zu alt und es war ihm unklar, wie sein Lebensunterhalt finanziert werden würde.

Am 11. März 1950 starb Heinrich Mann nach siebzehnjährigem Exil. Nach Ost-Berlin reiste er nicht. Es hätte ihn sicher enttäuscht.

Texte zum Thema

Erich Mühsam (1878-1934) war ein Anarchist und Politiker der Münchner Räterepublik.
In den Wirren nach dem 1. Weltkrieg entstand in München eine kurzlebige Räterepublik. Nach der Sowjetunion (Sowjet bedeutet Rat) und der ungarischen Räterepublik unter Bela Kun, war dies die dritte Sowjetdiktatur in Europa. Zeitweise gehörte Mühsam der KPD an.

Erich Mühsam

Appell an den Geist

Essay

Wir Menschen sind geschaffen, in Gesellschaft miteinander zu leben; wir sind aufeinander angewiesen, leben voneinander, beackern miteinander die Erde und verbrauchen miteinander ihren Ertrag. Man mag diese Einrichtung der Natur als Vorzug oder als Benachteiligung gegenüber fast allen anderen Tieren bewerten: die Abhängigkeit des Menschen von den Menschen besteht, und sie zwingt unsern Instinkt in soziale Empfindungen. Sozial empfinden heißt somit, sich der Zugehörigkeit zur Gemeinschaft der Menschen bewußt sein; sozial handeln heißt im Geiste der Gemeinschaft wirken.

Dies ist der Konflikt, in den die Natur uns Menschen gestellt hat: daß die Erde von unseren Händen Arbeit fordert, um uns ihre Früchte herzugeben, und daß unser Wesen bestimmt ist von Faulheit, Genußsucht und Machthunger. Wir wollen Nahrung, Behausung und Kleidung haben, ohne uns dafür anstrengen zu müssen; wir wollen, fern von der Pein quälender Notwendigkeiten, beschaulich genießen; wir wollen Macht ausüben über unsere Mitmenschen, um sie zu zwingen, uns unsre heitere Notentrücktheit zu sichern. Den Ausweg zu finden aus dieser Diskrepanz: das ist das soziale Problem aller Zeiten.

Nie hat sich eine Zeit kläglicher mit dem Problem abgefunden als unsere. Der kapitalistische Staat, das traurigste Surrogat einer sozialen Gesellschaft, hat im Namen einer geringen, durch keinerlei geistige oder menschliche Eigenschaften ausgezeichneten Minderheit die Macht über die gewaltige Mehrzahl der Mitmenschen okkupiert, indem er sie von der freien Benutzung der Arbeitsmittel ausschließt. Sein einziges Machtmittel ist Zwang; gezwungene Menschen beschützen in gedankenloser Knechtschaffenheit Faulheit und Genuß der privilegierten Machthaber. Wild, sinnlos, roh, von keinem Brudergefühl gebändigt toben die Menschen gegeneinander. Was sie als Macht erstreben, ist nüchterner Besitz an materiellen Gütern. Der Kampf aller gegen alle ist kein Ringen um den Preis der Schönheit, der inneren Freiheit, der Kultur, - sondern eine groteske Balgerei um die größte Kartoffel. Auf der einen Seite Hunger, Elend, Verkommenheit; auf der anderen Seite geschmackloser Luxus, plumpe Kraftprotzerei, schamlose Ausbeutung. Und all das chaotische Getümmel verstrickt in einem stählernen Netz von Gesetzen, Verordnungen, Drohungen, die die bevorzugte Minderheit schuf, um ihrer Gewaltherrschaft das Ansehen des Rechts zu geben.

Eine verlogene Ethik hat das Wissen um Wahrhaftigkeit und Rechtlichkeit vergiftet. Rabulistische Advokatenlogik hat den guten, reinen und wahren Begriff der Freiheit zum Popanz autoritärer Marktschreier verdreht. Die Verständigung der Menschen beschieht im Kauderwelsch der Politik; der Wille der Menschen beugt sich unter abstrakte Paragraphen, das Rückgrat der Menschen paßt sich verkrümmten Uniformen an.

Geknebelt ist der Gedanke, das Wort und die Tat, - geknebelt selbst die Sehnsucht nach Gerechtigkeit und Menschlichkeit. Die Seele des Menschen ist dem Staate beamtet, und der Geist der Menschen schläft im Schutze der Obrigkeit.

142

Kein Knirschen der Wut stört die Hast der Geschäfte. Der Lärm geht um den Profit; kein Stöhnen der Verzweiflung übertönt ihn. Wer aber warnend seine Stimme hebt, wer Menschen sucht, um mit ihnen zu bauen, aufzurichten das Werk der Freiheit, der Freude und des Friedens, dem gellt das Lachen ins Ohr derer, die sich nicht stören lassen wollen, derer, die Tritte empfangen und um sich treten, das Hohnlachen der Philister.

Welche Ansicht der Mensch von den Dingen der Menschen haben darf, ist vom Staate abgestempelt. Einzelne Einrichtungen des Staates, besondere Maßnahmen darf er kritisieren, benörgeln, beschimpfen. Aber wehe dem, der der Fäulnis der Gesellschaft in die Tiefe leuchtet. Er ist verfemt, geächtet ausgestoßen. An Mitteln fehlt es den Philistern nicht, ihn unschädlich zu machen: sie haben ihre »öffentliche Meinung«, sie haben die Presse. Wohl eifern auch die Organe der verschiedenen Parteien gegeneinander; wohl tuten auf der Jagd nach dem Profit in den Gefilden der öffentlichen Meinung die Hörner am lautesten und am schrillsten. Aber darin sind sie einig: der freie Gedanke, das freie Wort, die freie Sehnsucht darf keine Stätte haben in ihrem Revier. Ein breiter Graben zieht sich durch ihrer aller Lager; und in dem fließt der Strom, mit dem wir schwimmen müssen.

Hoch über den Ebenen, in denen die Philister einander in die Seiten puffen, ragt die Burg, darin der Geist wohnt. Der Literat und der Künstler wenden den Blick degoutiert ab vom Gewimmel der Menge. Was schert es sie, wie Hinz den Kunz übers Ohr haut ! Dem Bettler, der am Weg die Drehorgel leiert, gibt man mildtätig einen Groschen und geht seines Weges. Zu ihnen hinauf, in die Domänen der Kultur darf der Dunst des Alltags nicht steigen. Die Nase zu vor den Ausdünstungen des Volks! Den Blick empor zu den reinen Höhen der Geistigkeit.

Lächelnd spottet man bei den ästhetischen Gelagen über den Snob, der auf die Tribüne steigt und die Massen aufruft zum Kampf gegen Gewalt und Ausbeutung, für Recht und Freiheit. Ein Sensationshascher und Reklameheld –

143

im besten Falle ein verrannter Narr, dem es schon recht geschieht, wenn man ihn ignoriert und boykottiert. Was geht ihn die soziale Not des Volkes an?!...

Der Künstler, der sich allem, was die Umwelt angeht, so hoch überlegen dünkt, ist ein Philister. Seine bequeme Zufriedenheit hat nichts Erhabenes, sondern nur etwas Verächtliches. Er verschließt die Augen vor dem Elend, in dem er selbst bis an die Knöchel watet, und macht sich damit für die Behörden zum Erwünschtesten aller Staatsbürger.

Aber gerade der Künstler hätte tausendmal Grund, wütend aufzubegehren gegen die Schändlichkeiten unseres Gesellschaftsbetriebes. Sein Werk steht – und das muß so sein – jenseits der Marktbewertung. Unter den Zuständen, die uns umgeben, ist es daher überflüssig, wertlos, unnütz und mithin lächerlich oder gefährlich. Der Kunstler selbst gilt–sofern er nicht als Kapitalist andere Menschen für sich arbeiten läßt – als Schmarotzer, als Schädling, als Verkehrsstörung. Soll ihn seine Kunst ernähren, so muß er sie dem verrotteten Geschmack des Banausentums unterordnen, und er verkommt menschlich und künstlerisch. – Hat er aber die Mittel zum Leben, produziert er, wozu es ihn treibt, so bleibt sein Werk den Mitmenschen fremd, und die höchste Freude des Schaffenden, mit seiner Arbeit Menschenseelen zu erfrischen und zu erhellen, bleibt ihm versagt.

Aber er ist ja Esoteriker. Ihm genügt ja die Anerkennung der wenigen, derer, die »reif« sind für seine Kunst, die gleich ihm dem Spektakel des Lebens fernestehen. Ach, Schwätzerei! –Das ist eine matte, blutleere, dürftige Kunst, die nicht getränkt ist vom warmen roten Zustrom der lebendigen Wirklichkeit. Nur das sind noch immer die Zeiten der Kultur gewesen, in denen Geist und Volk eins waren, in denen aus den Werken der Kunst und des Schrifttums die Seele des Volkes leuchtete.

Ihr törichte Einsame, die ihr wähnt, oben in euern Ateliers andre, freiere Luft zu atmen als die Masse auf den Plätzen der Städte! Auch ihr eßt auf euerm Kothurn das Brot, das Menschenhände gesäet, Menschenhände gebacken,

Menschenhände euch gereicht haben. Tut nicht, als wäret ihr Besondere! Seid Menschen! Habt Herz!

Und besinnt euch auf die Unwürdigkeit eurer Existenz! – Ihr, die ihr Werke schafft, aus denen der Geist unsrer Zeit in die Zukunft flammen soll, sorgt, daß eure Werke nicht lügen! – Helft Zustände schaffen, die wert sind, in herrlichen Taten der Kunst und der Dichtung gepriesen zu werden! Täuscht der Nachwelt nicht Bilder vor, die das jämmerliche Grau unsrer Tage in Gold malen! Seid keine Philister, da Ihr allen Anlaß habt, Rebellen zu sein!

Paria ist der Künstler, wie der letzte der Lumpen! Wehe dem Künstler, der kein Verzweifelter ist! Wir, die wir geistige Menschen sind, wollen zusammenstehen – in einer Reihe mit Vagabunden und Bettlern, mit Ausgestoßenen und Verbrechern wollen wir kämpfen gegen die Herrschaft der Unkultur! Jeder, der Opfer ist, gehört zu uns! Ob unser Leib Mangel leidet oder unsre Seele, wir müssen zum Kampfe blasen! – Gerechtigkeit und Kultur – das sind die Elemente der Freiheit! – Die Philister der Börse und der Ateliers, zitternd werden sie der Freiheit das Feld räumen, wenn einmal der Geist sich dem Herzen verbündet![192]

Mühsam zeichnet das Bild einer ungerechten Wirtschaftsordnung, die er Kapitalismus nennt, aber die man auch als freie Marktwirtschaft kennt. Dort seien Mächte am Werk, die die Massen unterdrückten und die öffentliche Meinung kontrollierten (auf diesen Punkt möchte ich noch zurückkommen).

Viele Schriftsteller hätten es sich in diesem System gemütlich gemacht und ignorierten das Elend der Menschen. Es wäre aber eigentlich Aufgabe des Schriftstellers dieses System zu kritisieren. Er plädiert für eine Zusammenarbeit von Künstlern mit der Masse des Volkes. Die Philister[193] sollen zittern.

Es geht Mühsam also um den politisch engagierten Künstler, der natürlich auf der richtigen (der linken) Seite stehen soll. Auch Heinrich Mann hatte gefordert, dass sich die Künstler mit dem Volk gegen die

---

192 https://www.projekt-gutenberg.org/muehsam/appell/chap001.html
193 Philister: Gerade bei E.T.A. Hoffmann findet sich der Begriff oft. Gemeint sind Spießbürger.

Macht verbünden und darin beruht ja auch einer der großen Konflikte mit Thomas Mann, der sich als unpolitisch sah.

Möchte man sich, beispielsweise als Schüler, mit diesem Text auseinandersetzen, so fällt das durchaus löbliche Bestreben auf, den Schwachen und Unterdrückten eine Stimme zu geben. Kritik könnte man an der simplifizierenden ökonomischen Bewertung üben, die an Marx geschult scheint und nichts oder kaum etwas mit der ökonomischen Wirklichkeit des Kaiserreichs zu tun hat. Es ist Propaganda. Dass die Philister zittern sollen, lässt schon böse erahnen, wie die kommunistische Bewegung mit Andersdenkenden (auch in den eigenen Reihen) umgegangen ist.

Erich Mühsam war an führender Stelle an der 1. Münchner Räterepublik beteiligt. Es erfolgten nur wenige Maßnahmen, da diese sehr kurzlebig war. Allerdings kam es zu einer Maßnahme im Pressewesen, die beredtes Zeugnis von Mühsams Demokratieverständnis gibt:

Bei allem Tatendrang, den manche Mitglieder des Zentralrats und einige Volksbeauftragte entwickelten, blieben die angestoßenen Maßnahmen daher unkoordiniert und erlauben es nicht, von einer konsistenten Politik zu sprechen. Noch am konsequentesten vollzog der Zentralrat die Überwachung der Presse: Ab dem 7. April erschienen die großen Münchener Zeitungen nur noch unter Vorzensur und mussten Propagandaartikel für die neuen Machthaber abdrucken. [194]

Die Proklamation einer Räterepublik hat Mühsam auch zusammen mit Gustav Landauer kommentiert:

„Die Diktatur des Proletariats ist Tatsache! Eine Rote Armee wird sofort gebildet! Eine Verbindung mit Rußland und Ungarn wird sofort aufgenommen. Eine Gemeinschaft zwischen dem royalistischen Bayern und dem Kaiserdeutschland mit dem

---

194 https://www.historisches-lexikon-bayerns.de/Lexikon/R%C3%A4terepublik_Baiern_(1919)#Die_R.C3.A4te_unter_der_Regierung_Eisner_.287._November_1918_-_21._Februar_1919.29

republikanischen Aushängeschild kann nicht mehr sein! Ein Revolutionsgericht wird jeden Versuch reaktionärer Machenschaften rücksichtslos ahnden. Die Lügenfreiheit der Presse hört auf. Die Sozialisierung des Zeitungswesens sichert die wahre Meinungsfreiheit des revolutionären Volkes."

– ERICH MÜHSAM UND GUSTAV LANDAUER (1919)[195]

Man sollte also meiner Meinung nach den Appell von Erich Mühsam auch biographisch einordnen. Hier geht es nicht nur um den engagierten Schriftsteller, sondern um die Ausbreitung einer Ideologie.

Kurt Tucholsky hat unter Pseudonym dem Werk in der Weltbühne eine längere Rezension gewidmet, die durchweg positiv ist.

Kurt Tucholsky (1890-1935) war Journalist, Schriftsteller und Sozialist. Er schrieb für die Weltbühne, das Forum der radikalen Linken. Tucholsky wurde von den Historikern Golo Mann, dem Neffen Heinrichs, und Heinrich August Winkler für sein radikales Engagement kritisiert.

Dieses Buch Heinrich Manns, heute, gottseidank, in aller Hände, ist das Herbarium des deutschen Mannes. Hier ist er ganz: in seiner Sucht, zu befehlen und zu gehorchen, in seiner Roheit und in seiner Religiosität, in seiner Erfolganbeterei und in seiner namenlosen Zivilfeigheit. Leider: es ist der deutsche Mann schlechthin gewesen; wer anders war, hatte nichts zu sagen, hieß Vaterlandsverräter und war kaiserlicherseits angewiesen, den Staub des Landes von den Pantoffeln zu schütteln.

---

195 https://www.osmikon.de/themendossiers/muenchen-und-die-russische-revolution/oktoberrevolution-und-muenchner-raeterepublik/

147

Das erstaunlichste an dem Buch ist sicherlich die Vorbemerkung: »Der Roman wurde abgeschlossen Anfang Juli 1914.« Wenn ein Künstler dieses Ranges das schreibt, ist es wahr: bei jedem andern würde man an Mystifikation denken, so überraschend ist die Sehergabe, so haarscharf ist das Urteil, bestätigt von der Geschichte, bestätigt von dem, was die Untertanen als allein maßgebend betrachten: vom Erfolg. Und es muß immerhin bemerkt werden, daß die alten Machthaber – ach, wären sie alt! – dieses Buch von ihrem Standpunkt aus mit Recht verboten haben: denn es ist ein gefährliches Buch.

Ein Stück Lebensgeschichte eines Deutschen wird aufgerollt: Diederich Heßling, Sohn eines kleinen Papierfabrikanten, wächst auf, studiert und geht zu den Korpsstudenten, dient und geht zu den Drückebergern, macht seinen Doktor, übernimmt die väterliche Fabrik, heiratet reich und zeugt Kinder. Aber das ist nicht nur Diederich Heßling oder ein Typ.

Das ist der Kaiser, wie er leibte und lebte. Das ist die Inkarnation des deutschen Machtgedankens, das ist einer der kleinen Könige, wie sie zu Hunderten und Tausenden in Deutschland lebten und leben, getreu dem kaiserlichen Vorbild, ganze Herrscherchen und ganze Untertanen.

Diese Parallele mit dem Staatsoberhaupt ist erstaunlich durchgearbeitet. Diederich Heßling gebraucht nicht nur dieselben Tropen und Ausdrücke, wenn er redet wie sein kaiserliches Vorbild – am lustigsten einmal in der Antrittsrede zu den Arbeitern (»Leute! Da ihr meine Untergebenen seid, will ich euch nur sagen, daß hier künftig forsch gearbeitet wird.« Und: »Mein Kurs ist der richtige, ich führe euch herrlichen Tagen entgegen.«) – er handelt auch im Sinne des Gewaltigen, er beugt sich nach oben, wie der seinem Gotte, so er seinem Regierungspräsidenten, und tritt nach unten.

Denn diese beiden Charaktereigenschaften sind an Heßling, sind am Deutschen auf das subtilste ausgebildet: sklavisches Unterordnungsgefühl und sklavisches Herrschaftsgelüst. Er braucht Gewalten, Gewalten, denen er sich beugt, wie der Naturmensch vor dem Gewitter, Gewalten, die er selbst zu erringen sucht, um andere zu ducken. Er weiß: sie ducken sich, hat er erst einmal das ›Amt‹ verliehen bekommen und den Erfolg für sich. Nichts wird so respektiert wie der Erfolg; einmal heißt es gradezu: »Er behandelte Magda mit Achtung, denn sie

148

hatte Erfolg gehabt.« Aber wie wird dieser Erfolg geachtet! Würde er es mit nüchternem Tatsachensinn, so hätten wir den Amerikanismus, und das wäre nicht schön. Aber er wird geachtet auf ganz verlogne Art: man schämt sich der alten Vergangenheit und beschwört die alten Götter, die den wirklichen Dichtern und Denkern von einst noch etwas bedeuteten, zitiert sie, legt Metaphysik in den Erfolg und donnert voll Überzeugung: »Die Weltgeschichte ist das Weltgericht!« (...) [196]

Tucholsky lobt an dem Werk die Herausarbeitung der Themen Untertanenmentalität und Macht. Die Parallelen zwischen Diederich und dem Kaiser findet er überzeugend.
Tucholsky sieht den Roman als Werkzeug im politischen Kampf für den Sozialismus:

So wollen wir kämpfen. Nicht gegen die Herrscher, die es immer geben wird, nicht gegen Menschen, die Verordnungen für andre machen, Lasten den andern aufbürden und Arbeit den andern. Wir wollen ihnen die entziehen, auf deren Rücken sie tanzten, die, die stumpfsinnig und immer zufrieden das Unheil dieses Landes verschuldet haben, die, die wir den Staub der Heimat von den beblümten Pantoffeln gerne schütteln sähen: die Untertanen! [197]

Kurt Tucholsky war mit der politischen Entwicklung nach 1918 nicht zufrieden. Insbesondere war er ein Gegner der SPD, der er Verrat vorwarf. 1920-1922 war er Mitglied der USPD.

Josef Froberger
Anders dagegen die Kritik von Josef Froberger von 1919.[198]

---

196 http://www.zeno.org/Literatur/M/Tucholsky,+Kurt/Werke/1919/
  Der+Untertan
197 Wie Anm. 146.

Er lobt zwar das stilistische Können des Autors und auch die Thematisierung gesellschaftlicher Probleme, aber er sieht Kritik im Sinne des Marxismus. Die Romanfiguren seien nur Typen, keine authentischen Personen.

Froberger bezeichnet das Werk als "Spartakusliteratur"[199] und weist damit auf den Spartakusbund, einem Zusammenschluss linker Sozialisten hin.

Froberger bedauert, dass so ein großer Künstler "den Neigungen der Tagesmode folgend, seine Tätigkeit an unwürdige Gegenstände verschwendet und in eine rein negative Richtung geraten ist."[200] Er bemängelt die Einseitigkeit.

---

198 Erläuterungen und Dokumente. Heinrich Mann: Der Untertan. Hrsg. von Frederick Betz. Stuttgart 1993, S. 122-124.
199 Ebd., S. 123.
200 Ebd., S. 123.

Klausurvorschlag mit Lösung

Arbeitsauftrag

1. Geben Sie den Inhalt der Textstelle S. 363 (Mitte) bis 371 (oben) wieder und ordnen Sie diese in den Textzusammenhang ein.
2. Interpretieren Sie diese Textstelle in Bezug auf die Untertanenmentalität Diederichs und stellen Sie die satirischen und rhetorischen Mittel dar, mit denen der Autor seine Intention verfolgt.
3. Problematisieren Sie auch anhand weiterer Textstellen das Verhältnis Diederich- Kaiser.

1. Einleitung und Inhaltsangabe
Der Roman „Der Untertan" von Heinrich Mann, der 1919 erschien, erzählt das Leben eines
Duckmäusers, der den Kaiser verehrt. Er steht für Militarismus und Demokratiefeindlichkeit.
Der Roman war bereits 1914 vollendet, konnte aber während des 1. Weltkrieges erst 1919 erscheinen.
Die vorgegebene Textstelle findet sich im 6. Kapitel. Diederich ist auf seiner Hochzeitsreise mit Guste. Voraus ging die Hochzeit Diederichs, bei der er Zweifel hatte, ob Wulckow sich an gewisse geheime Absprachen betreffend eines Grundstücksverkaufs halten würde. Aber Wulckow hält den Pakt und Diederich erkennt es daran, dass er an seiner Hochzeit einen Orden Seiner Majestät bekommt. Diederich ist überglücklich und reist mit Guste ab nach Zürich. Da aber liest Diederich, dass der Kaiser auf dem Weg nach Rom sei.

Diederich denkt sich, als er mit dem Zug auf dem Weg nach Rom ist, dass er ein Rennen mit dem Kaiser mache. In Rom angekommen, werden die

Reisenden zunächst wegen dem Kaiser abgedrängt, aber Diederich durchbricht die Schranken und zwei Soldaten laufen ihm nach. Ein Wagen kommt und Diederich brüllt und schwenkt den Hut. Der Kaiser schaut Diederich an und Diederich glaubt, er sei ganz alleine mit ihm. Die Leute lachen über ihn.

Gleich früh am nächsten Tag findet man Diederich wieder auf der Straße und er bewacht den Kaiser in seinem Palast. Anschließend verfolgt er den Kaiser mit einer Kutsche durch die Stadt.

Diederich leidet in der Hitze Hunger und Durst. Daraufhin bringt ihm der Kutscher Wein. Diederich läuft durch die Stadt und folgt seinem Kaiser. Er kann sich gerade noch an Guste erinnern.

Nach dem Essen steht Diederich Wache für den Kaiser. Dabei überwältigt er einen vermeintlichen Attentäter. Bis ihn die Nacht folgt er dem Kaiser, wobei er noch ein Wirtshaus besucht. Vor der Tür hält er eine nationale Ansprache an das Publikum.

Diederich trinkt dann weiter Wein. Er bemerkt, dass er in der Zeitung abgebildet ist und zwar auf der gleichen Zeitungsseite wie der Kaiser. Darauf singt Diederich mit feuchten Augen „Die Wacht am Rhein". Stark angetrunken rennt Diederich dem Kaiser durch die Stadt hinterher, bevor er zusammensinkt und uriniert sich in die Hose.

Kurz nach dieser Begebenheit ist der Kaiser schon wieder auf dem Weg nach Deutschland und Diederich folgt mit Guste nach.

2. Interpretation mit Analyse

Während ihrer Hochzeitsreise liest Diederich, dass der Kaiser auf dem Weg nach Rom sei und beschließt diesem umgehend zu folgen. In dieser Episode werden nun zahlreiche satirische Begebenheiten erzählt:

So versucht Diederich den anderen Reisenden klarzumachen, was sie in Rom erwartet.[201] Kaum in Rom angekommen, durchbricht Diederich eine

---

201 Vgl. ebd. S. 363.

Polizeischranke, verfolgt von zwei Soldaten in Federhüten und trifft dann wirklich auf den Kaiser. Diederich läuft seiner Kutsche schreiend hinterher. Die Vorstellung, dass dieser brave Untertan so außer Rand und Band ist, dass er sich an keine Regeln mehr hält, wirkt auf den Leser belustigend und gibt die Figur des Diederich ein wenig der Lächerlichkeit preis.

Schon am nächsten Tag, früh am Morgen, steht Diederich bereit vor dem Palast, worin der Kaiser übernachtet. Der Portier bemerkt Diederich, der mittlerweile auf und ab geht und berichtet ihm, dass alles in Ordnung sei. Er macht sich hier über Diederich, der Wache spielt, lustig, was Diederich aber nicht bemerkt.

Und nun wird es hektisch. Ähnlich Diederich steigert auch der Text sein Tempo:

Diederichs Hut flog schon, Diederich schrie, wie aus der Pistole geschossen, auf italienisch: „Es lebe der Kaiser!" Und gefällig schrie das Häuflein mit ... Diederich aber, ein Sprung in den Einspänner, der bereitstand, und los, hinterdrein, den Kutscher angefeuert mit rauhem Schrei und geschwungenem Trinkgeld. Und sieh: schon hielt er, dahinten nahte erst der Allerhöchste Wagen. Als der Kaiser ausstieg, war wieder ein Häuflein da, und wiederum schrie Diederich auf italienisch ... Wache gehalten vor dem Haus, worin sein Kaiser weilte! [202]

Wir haben es hier mit einer Zeitraffung zu tun. Ein längerer Zeitraum wird auf knappstem Raum berichtet.
Am Anfang liegt eine Anapher vor, „Diederich...Diederich...". Sie bewirkt Schnelligkeit.
Die Sätze sind durch Auslassungen (Ellipsen) gekennzeichnet: *ein Sprung..., und los, hinterdrein.* Die Verben fehlen hier.

---

202 Ebd., S. 366.

Oder aber sie liegen in der Form des Partizip Perfekt vor: *angefeuert*. Dies alles vermittelt Schnelligkeit, die Unrast des Untertans. Diese Unrast wirkt komisch.

Eine Form der Satire ist auch die Komik. Und komisch wird es, da Diederich nun auch anfängt unter der heißen Sonne Italiens Wein zu trinken. Sonnenverbrannt kehrt er zu Guste zurück, um gleich nach dem Mittagessen an den Fenstern des Kaisers Wache zu stehen und einen vermeintlichen Attentäter zu überführen. Da wird der Kaiser gemeldet. Diederich fühlt sich nun sehr wichtig: ... *Diederichs persönlicher Dienst begann wieder.*[203] Auch dies ist satirisch.

Auf immer groteskere Art und Weise wird Diederich zum Herold seines Herrn, wobei er munter dem Wein zuspricht:
Sein Dienst führte ihn rastlos umher bis in die Nacht und endlich vor das Gebäude der deutschen Botschaft, wo Seine Majestät Empfang hielt. Ein längerer Aufenthalt des Allerhöchsten Herrn gab Diederich Gelegenheit, beim nächsten Wirt seine Stimmung zu erhöhen. Er erklomm vor der Tür einen Stuhl und richtete an das Volk eine Ansprache, die von nationalem Geiste getragen war und der schlappen Bande die Vorzüge eines strammen Regiments klarmachte und eines Kaisers, der kein Schattenkaiser war ... Sie sahen ihn, rot überstrahlt vom Licht der offenen Becken, die vor dem Palaste des Deutschen Reiches loderten, auf seinem Stuhl den eckig behaarten Mund aufreißen, sahen ihn blitzen und wie von Eisen starren — was ihnen offenbar genügte, um ihn zu verstehen, denn sie jubelten, klatschten und ließen den Kaiser leben, sooft Diederich ihn leben ließ. Mit einem Ernst, der nicht ohne Drohung war, nahm Diederich für seinen Herrn und die furchtbare Macht seines Herrn die Huldigungen des Auslandes entgegen, worauf er von dem Stuhl herabkletterte und wieder zum Wein ging. Mehrere Landsleute, kaum weniger angeregt als er, tranken ihm zu und kamen nach in heimischer Weise.[204]

Diederich wähnt sich im „Dienst", dabei ist er doch nur ein normaler Tourist, aber seine Kaiserverehrung bekommt wahnhafte Züge. Der Autor benutzt den Euphemismus „beim nächsten Wirt seine Stimmung

---

203 Ebd., S. 369.
204 Ebd., S. 369-370.

zu erhöhen", um zu verdeutlichen, dass sich Diederich vollends betrinkt. Durch den Euphemismus wird noch deutlicher, dass es hier eben nicht um ein Glas Wein geht. Es ist also eine Verstärkung der Aussageabsicht. Der Vergleich „wie von Eisen starren" weist auf die militaristische Gesinnung Diederichs hin.

Dass Diederich die „Huldigungen des Auslandes" entgegennimmt, macht ihn lächerlich, denn viel wahrscheinlicher ist ja, dass die Leute ihn auslachen.

Vollends komisch wird es, wenn der Wein nun von ihm Besitz ergreift und er seine stramme Haltung verliert:

Der Wein, der so billig war, und die Begeisterung, die immer neu genährt ward, bewirkten, daß die Kunde, der Kaiser verlasse die Botschaft, Diederich nicht mehr in korrekter Haltung fand. Er tat gleichwohl alles, was er noch vermochte, um seiner Pflicht zu genügen. Er schoß im Zickzack das Kapitol hinab, stolperte und rollte über die Stufen weiter. Drunten in der Gasse holten seine Zechgenossen ihn ein, er stand mit dem Gesicht der Mauer zugekehrt ... Fackelschein und Hufschlag: der Kaiser! Die anderen schwankten hinterdrein, Diederich aber, kein Komment half ihm mehr, glitt hin, wo er stand. Zwei städtische Wächter fanden ihn, an die Mauer gelehnt, in einer Lache sitzen. Sie erkannten den Beamten im persönlichen Dienst des Deutschen Kaisers, und voll tiefer Besorgnisse beugten sie sich über ihn. Gleich darauf aber sahen sie einander an und brachen in ungeheure Fröhlichkeit aus. Der persönliche Beamte war gottlob nicht tot, denn er schnarchte; und die Lache, in der er saß, war kein Blut.[205]

In dieser Episode herrscht hohes Tempo vor. Dies wird bewirkt durch Akkumulation „schoß...stolperte...rollte" und durch Ellipsen (Auslassungen) „Fackelschein und Hufschlag: der Kaiser!".

---

205 Ebd., S. 370-371.

Diederich hatte in die Hose uriniert. Dass er hier trotzdem in personaler Erzählweise der Wächter als „persönlicher Beamter" tituliert wird, ist ein Zeichen der Ironie.

3. Problematisierung

Diederich ahmt den Kaiser nach. Der Roman ist durchsetzt mit Kaiserzitaten, die die Funktion der Satire haben, indem Diederich sie ausspricht. Als Diederich sich den Arbeitern in seiner Fabrik vorstellt, gebraucht er folgende Worte:

„Mit erhobener Stimme, noch schneidiger und abgehackter; und dabei sah er den alten Sötbier an:

„Jetzt habe ich das Steuer selbst in die Hand genommen. Mein Kurs ist der richtige, ich führe euch herrlichen Tagen entgegen. Diejenigen, welche mir dabei behilflich sein wollen, sind mir von Herzen willkommen; diejenigen jedoch, welche sich mir bei dieser Arbeit entgegenstellen, zerschmettere ich."[206]

„...herrlichen Tagen führe ich euch entgegen" sagte Kaiser Wilhelm II.[207]

Diederich verwendet hier die Worte des Kaisers. Die Weltpolitik soll nun auch in seiner Firma gelten und er fühlt sich wie der Kaiser, ja, manchmal ist er sich schon nicht mehr sicher, ob er es wirklich ist. Der Kaiser, der im Text immer wieder in Zitaten oder gar selbst auftaucht, spielt in Diederichs Leben eine wichtige Rolle. Kaiser Wilhelm gilt als der herausragende Repräsentant des Obrigkeitsstaates und so ist es wohl kein Zufall, dass ihn der Autor als Diederichs Vorbild ausgewählt hat.

---

206 Ebd., S. 106.
207 Wilhelm II., Die politischen Reden, S.88. Rede vom 24.02.1892.

Dass Diederich ausgerechnet in seinem kleinen Betrieb mit Kaiserzitaten arbeitet, lässt erahnen, dass er von oben herab den Betrieb führen will. Die Arbeiter sind gewissermaßen seine Untertanen.

Nachdem der Posten den Arbeiter erschossen hatte, lässt Diederich im Alkoholrausch über den Redakteur Nothgroschen eine angebliche Beförderung des Postens durch den Kaiser, die er, Diederich, selbst geschrieben hat, abdrucken. Der Text lautet:

„Für Deinen auf dem Felde der Ehre vor dem inneren Feind bewiesenen Mut spreche ich Dir meine kaiserliche Anerkennung aus und ernenne Dich zum Gefreiten ...“[208]

Diese Ernennung liest Diederich dann wirklich im „Berliner Lokal-Anzeiger" und es wird deutlich, wie sehr Diederich sich mit dem Kaiser identifiziert. Er fragt sich ernsthaft, ob er vorausempfinden kann, was der Kaiser sagen würde. Da auch kein Dementi erfolgt, glaubt Diederich, dass der Kaiser Diederichs Worte zu den seinen mache. Man muss sich fragen, inwiefern Diederich noch ganz zurechnungsfähig ist.

Zweimal kommt es zu einem Treffen mit dem Kaisers persönlich. Auf einer Demonstration in Berlin reitet der Kaiser durch die Menge der Demonstranten. Ein junger Mann mit Künstlerhut meint darauf : „Theater, und nicht mal gut." Heinrich Mann greift hier also wieder den Topos des Theaters auf. Der Kaiser also als schlechter Schauspieler.

Die Reaktion Diederichs lässt erkennen, dass er ganz Untertan ist und meint, keine Kritik dulden zu dürfen. Dabei schreckt er auch vor Gewalt nicht zurück, zumal er sich durch die Masse unterstützt fühlt:

Trotz seiner Aufregung sah er sich noch die Schultern des Menschen an: sie waren nicht breit. Auch äußerte die Umgebung sich mißbilligend. Da ging Diederich vor. Mit seinem Bauch drängte er den Feind gegen die Mauer und

---

208 Der Untertan, S. 159-160.

schlug auf den Künstlerhut ein. Andere knufften mit. Der Hut lag schon am Boden und bald auch der Mensch. Im Weitergehen bemerkte Diederich zu seinen Mitkämpfern:

„Der hat sicher nicht gedient! Schmisse hat er auch keine!"

Der alte Herr mit Bartkoteletts und Eisernem Kreuz war auch wieder da, er drückte Diederich die Hand.

„Brav, junger Mann, brav!"

„Soll man da nicht wütend werden?" erklärte Diederich, noch keuchend. „Wenn der Mensch uns den historischen Moment verekeln will?"

„Sie haben gedient?" fragte der alte Herr.

„Ich wäre am liebsten ganz dabei geblieben", sagte Diederich.

„Na ja, Sedan ist nicht alle Tage" — der alte Herr betupfte sein Eisernes Kreuz. „Das waren wir!"[209]

Interessant ist hier auch die Abneigung Diederichs gegen den Künstler an sich. Er, als Naturwissenschaftler, kann sich nicht für die Kunst erwärmen, sei es nicht eine national-heroische Kunst wie bei Wagner. Auffallend ist auch die Frage, ob er gedient habe, im Kaiserreich wichtige Bekundung der Unterstützung des Staates. Dass der ältere Mann Diederichs Verhalten als „brav" bezeichnet, zeugt von breiter Unterstützung seiner Kaiseridee in der Gesellschaft. Dass der Künstler keine Schmisse habe, wird negativ bemerkt. Er war also nicht in einer Korporation und hat sich damit nicht in eine Gemeinschaft eingefügt, so wie es Diederich für richtig hält. Diederich steht nicht für Toleranz und lehnt eine pluralistische Gesellschaft ab.

Überhaupt scheint das Gemeinschaftsgefühl das prägende:

---

209 Ebd., S. 62.

„Hurra!" schrie Diederich, denn alle schrien es...[210]

Diederich scheint ein Mitläufer zu sein.

Direkt vor dem Brandenburger Tor reitet der Kaiser an ihm vorbei und Diederich gerät außer sich:

Ein Rausch, höher und herrlicher als der, den das Bier vermittelt, hob ihn auf die Fußspitzen, trug ihn durch die Luft. Er schwenkte den Hut hoch über allen Köpfen, in einer Sphäre der begeisterten Raserei, durch einen Himmel, wo unsere äußersten Gefühle kreisen. Auf dem Pferd dort, unter dem Tor der siegreichen Einmärsche und mit Zügen steinern und blitzend ritt die Macht! [211]

Diederich empfindet sich überhaupt nicht mehr als Bürger. Er ist dieser Macht verfallen und würde wahrscheinlich alles gutheißen, was der Kaiser tut.

Er verspürt die Macht an der er so gerne teilhat und sei es als Erleidender.

Die Macht, die über uns hingeht und deren Hufe wir küssen! Die über Hunger, Trotz und Hohn hingeht! Gegen die wir nichts können, weil wir alle sie lieben! Die wir im Blut haben, weil wir die Unterwerfung darin haben! Ein Atom sind wir von ihr, ein verschwindendes Molekül von etwas, das sie ausgespuckt hat! [212]

Und dann kommt es zu dem Treffen zwischen Untertan und Kaiser, wobei sich Diederich unsanft in den Schmutz setzt. Das Treffen ist also auch als Satire zu werten.

Diederich riß den Hut ab, sein Mund stand weit offen, aber der Schrei kam nicht. Da er zu plötzlich anhielt, glitt er aus und setzte sich mit Wucht in einen Tümpel, die Beine in die Luft, umspritzt von Schmutzwasser. Da lachte der Kaiser. Der Mensch war ein Monarchist, ein treuer Untertan! Der Kaiser wandte

---

210 Ebd., S. 63.
211 Ebd., S. 63.
212 Ebd., S. 63-64.

sich nach seinen Begleitern um, schlug sich auf den Schenkel und lachte. Diederich aus seinem Tümpel sah ihm nach, den Mund noch offen. [213]

Zusammenfassend lässt sich also sagen, dass Diederichs Kaiserverehrung zeigt, dass er ganz Untertan ist und zwar im Sinne eines unmündigen Gefolgsmannes. Alles am Kaiser erscheint ihm herrlich, doch es ist vieles nur Theater. Bedenklich ist, dass Diederich keine anderen Meinungen gelten lässt und auch zur Gewalt greift. Auffallend auch seine Abwertung anderer Nationen, wie es in der Italienepisode deutlich wird. Es stellt sich natürlich die Frage, ob solch ein Untertan den Frieden zwischen den Nationen liebt.

---

213 Ebd., S. 64.

Zeittafel

1871   27. März: Luiz Heinrich Mann als erstes Kind von Thomas Johann Heinrich Mann und seiner Frau Julia in Lübeck geboren.

1877   Wahl des Vaters zum Senator auf Lebenszeit

1889   1. Veröffentlichung *Beppo als Trauzeuge* in den "Lübeckischen Nachrichten". Abgang vom Gymnasium (Katharineum zu Lübeck) in der 12. Klasse, Buchhandelslehre in Dresden

1890   Volontär im S. Fischer Verlag Berlin. Studien an der Friedrich-Wilhelms-Universität (bis 1892)

1891   13. Oktober: Tod des Vaters, Liquidation der Firma. Erste Rezensionen in »Die Gesellschaft«

1893   Reisen nach Paris und Italien. Umzug der Mutter mit den drei jüngsten Geschwistern nach München

1894   *In einer Familie* (Roman), Herausgabe der Monatszeitschrift »Das zwanzigste Jahrhundert, Blätter für deutsche Art und Wohlfahrt« (bis 1896)

1896   *Das Wunderbare* (Erzählung) in »PAN«, *Der Hund* in »Simplicissimus«. Bis 1898: Aufenthalt in Rom und

Palestrina, ab 1897 mit dem Bruder Thomas Mann

1897   *Das Wunderbare und andere Novellen*

1898   *Ein Verbrechen und andere Geschichten*

1899   Wechselnde Aufenthalte in München, Berlin und Riva am Gardasee im Sanatorium von Dr. von Hartungen (bis 1914)

1900   *Im Schlaraffenland. Ein Roman unter feinen Leuten*

1903   *Die Göttinen oder Die drei Romane der Herzogin von Assy, Die Jagd nach Liebe* (Roman)

1905   *Professor Unrat oder das Ende eines Tyrannen* (Roman), *Eine Freundschaft. Gustav Flaubert und George Sand* (Essay), *Flöten und Dolche* (Novellen); Übersetzung von Choderlos de Laclos *Liaisons dangéreuses.*Heinrich Mann lernt Inés Schmied kennen, Trennung 1910.

1906   *Mnais und Ginevra, Schauspielerin, Stürmische Morgen* (Novellenbände)

1907   *Zwischen den Rassen* (Roman), *Gretchen* (Erzählung), *Die Bösen* (Erzählung)

1909   *Die kleine Stadt* (Roman)

1910   *Voltaire-Goethe* (Essay), *Geist und Tat* (Essay), *Das Herz.* Novellen; *Varieté. Ein Akt.* Freitod der Schwester Carla

1911 *Die Rückkehr vom Hades* (Novellen), *Schauspielerin* (Drama)

1912 *Die große Liebe* (Drama). Heinrich Mann lernt Maria Kanová kennen.

1913 *Madame Legros* (Drama), Uraufführung 1916 in Berlin.

1914 *Der Untertan* als Fortsetzungsroman in »Zeit im Bild«, bei Kriegsbeginn Abbruch des Abdrucks. 12. August: Heirat mit Maria Kanová, Wohnsitz in München bis 1928.

1915 *Zola* - Essay. Abbruch der Beziehungen zu Thomas Mann nach dem Erscheinen von dessen *Gedanken im Kriege*.

1916 *Der Untertan*, Privatdruck. Geburt von Heinrich und Maria Manns einziger Tochter Leonie.

1917 *Die Armen* (Roman), *Brabach* (Drama), *Bunte Gesellschaft* (Novellen). Versöhnungsversuch der Brüder. *Madame Legros* in München und Berlin uraufgeführt.

1918 *Der Untertan* (Roman)

1919 *Macht und Mensch* (Essays), *Der Weg zur Macht* (Drama), *Der Sohn* (Novelle). Gedenkrede auf Kurt Eisner.

1920 *Die Ehrgeizige* (Novelle), *Tragische Jugend* (Essay). Uraufführung von *Der Weg zur Macht* in München.

1921	*Die Tote und andere Novellen*
1922	Aussöhnung zwischen Heinrich und Thomas Mann
1923	*Deutschland und Frankreich* (Essay), *Diktatur der Vernunft, Essays;*11. März: Tod der Mutter Julia, geb. Bruhns in Weßling / Oberbayern
1924	*Abrechnung. Sieben Novellen. Das gastliche Haus* (Komödie)
1925	*Der Kopf* (Roman), *Kobes* (Erzählung)
1926	*Liliane und Paul* (Novelle). *Zeit und Dichtung* (Essay)
1927	*Mutter Marie* (Roman), *Victor Hugo* (Rede in Paris). *Der tiefere Sinn der Republik* (Vortrag).Freitod der Schwester Julia (geb. 1877, verh. Löhr)
1928	*Eugénie oder Die Bürgerzeit* (Roman). *Dichtkunst und Politik* (Essay).Trennung von Maria Mann-Kanová, Wohnsitz in Berlin bis 1933.
1929	*Sie sind jung* (Erzählungen), *Sieben Jahre. Chronik der Gedanken und Vorgänge* (1921 - 1928).Heinrich Mann lernt Nelly Kröger kennen.
1930	*Die große Sache* (Roman). *Der blaue Engel* (Verfilmung von *Professor Unrat*).Heinrich Mann läßt sich von Maria Kanovà scheiden.
1931	*Geist und Tat, Franzosen 1780 - 1939* (Essays).Wahl zum

Präsidenten der Sektion für Dichtkunst der Preußischen Akademie der Künste in Berlin.

1932   *Ein ernstes Leben* (Roman). *Das öffentliche Leben* (Essays), *Das Bekenntnis zum Übernationalen* (Essay). *Die Welt der Herzen* (Novellen).

1933   Ausschluß aus der Akademie der Künste. *Der Haß. Deutsche Zeitgeschichte* (Essays, gewidmet „meinem Vaterland").21. Februar: Flucht nach Frankreich. Emigration über Sanary-sur-Mer nach Nizza, dort bis 194025. August: Aberkennung der deutschen Staatsbürgerschaft

1934   *Der Sinn dieser Emigration* (Essay)

1935   *Die Jugend des Königs Henri Quatre* (Roman), *Aufbau einer geistigen Welt* (Essay)

1936   *Es kommt der Tag. Deutsches Lesebuch* (Essays). Erwerb der tschechischen Staatsbürgerschaft

1937   *Das geistige Erbe* (Essay), *Carl von Ossietzky* (Essay)

1938   *Die Vollendung des Königs Henri Quatre* (Roman)

1939   *Mut* (Essays). 9. September: Heinrich Mann heiratet Nelly Kröger.Verschleppung Maria Manns ins KZ Theresienstadt.

1940   Flucht über Spanien und Portugal in die USA. Wohnt in Hollywood, Los Angeles, Santa Monica.

1943   *Lidice* (Roman), *Deutsche Schuld und Unschuld* (Essay)

1944	17. Dezember: Freitod Nelly Manns (geb. Kröger, 1898)
1945	*Mein Bruder* (Essay)
1946	*Ein Zeitalter wird besichtigt* (Erinnerungen). Arbeit an *Die traurige Geschichte von Friedrich dem Großen.*
1947	Tod Maria Mann-Kanovàs (geb. 1886) an den Folgen der KZ - Haft.Ehrendoktor der Humboldt-Universität Berlin.
1949	*Der Atem* (Roman), *Der König von Preußen* (Essay). Tod des Bruders Viktor Mann (geb. 1890).Nationalpreis 1. Klasse für Kunst und Literatur der Deutschen Demokratischen Republik.
1950	Berufung zum ersten Präsidenten der in der DDR neugegründeten 'Akademie der Künste zu Berlin'.11. März: Heinrich Mann in Santa Monica gestorben und dort begraben
1961	Überführung der Urne auf dem Dorotheenstädtischen Friedhof zu Berlin.

Literaturverzeichnis

Primärliteratur:

Heinrich Mann: Der Untertan. Frankfurt 1996. (Fischer Taschenbuch)

Erläuterungen und Dokumente. Heinrich Mann: Der Untertan. Hrsg. von Frederick Betz. Stuttgart 1993

Sekundärliteratur:

Alter, Reinhard: Die bereinigte Moderne. Heinrich Manns „Untertan" und politische Publizistik in der Kontinuität der deutschen Geschichte zwischen Kaisserreich und Drittem Reich. Tübingen 1995

Beneke, Martin: Der Nibelungen Not in Netzig - „...wer saß, in der Haltung einer Königin, auf Gustes Stuhl?", in: Heinrich Mann-Jahrbuch 32 / 2014, S. 91-102.

Manfred Flügge: Heinrich Mann. Eine Biographie. Reinbek 2006

Hummelt-Wittke, Monika: Heinrich Mann: Der Untertan, München 1998, 3. Auflage. (Oldenbourg Interpretationen, Hg. Von Klaus-Michael Bogdal und Clemens Kammler, Band 22)

Müller, Michaela Maria: Die Sozialdemokratie in Heinrich Manns Roman *Der Untertan*. In: Heinrich Mann-Jahrbuch 25/2007. S. 151-168

Nipperdey, Thomas: Deutsche Geschichte 1866-1918. Band I. Arbeitswelt und Bürgergeist. München 2013

Nipperdey, Thomas: War die wilhelminische Gesellschaft eine Untertanengesellschaft? In: Thomas Nipperdey: Nachdenken über die deutsche Geschichte. Essays. München 1986, S. 208-224.

Nipperdey, Thomas: Wehlers „Kaiserreich". Eine kritische Auseinandersetzung, in: Thomas Nipperdey: Gesellschaft, Kultur, Theorie, Gesammelte Aufsätze zur neueren Geschichte. Göttingen 1976, S.360-389. (Kritische Studien zur Geschichtswissenschaft, Bd. 18)

Riha, Karl: „Dem Bürger fliegt vom spitzen Kopf der Hut." Zur Struktur des satirischen Romans bei Heinrich Mann, in: Text und Kritik 1986, S. 46-55.

Ritter, Gerhard A., Kocka, Jürgen (Hg.): Deutsche Sozialgeschichte 1870-1914. Dokumente und Skizzen. München 1982

Sprengel, Peter: Kaiser und Untertan. Zur Genese von Heinrich Manns Roman, 69, in: Heinrich Mann-Jahrbuch 10/1992, S. 57-74.

Vogt, Jochen: Diederichs Heßlings autoritärer Charakter. Sozialpsychologisches im Untertan. In: Text + Kritik. Heinrich Mann, München 1986, S. 70-81.

Wisskirchen, Hans: Heinrich Mann >Der Untertan< : Epochenroman oder Satire?, in: HMJb, 11/1993, S. 53-72.

Wolff, Jürgen: Stundenblätter „Der Untertan". Interpretationsmethoden, Arbeitstechniken, Sozialformen. Stuttgart 1980

i   https://de.wikipedia.org/wiki/Wilhelm_II._(Deutsches_Reich)#/media/
    Datei:Wilhelm_II._1905.jpeg
ii https://de.wikipedia.org/wiki/Deutsches_Kaiserreich#/media/
    Datei:Wappen_Deutsches_Reich_-_Reichsadler_1889.svg
iii https://de.wikipedia.org/wiki/Deutsches_Kaiserreich#/media/
    Datei:Deutscher_Flottenverein_Postkarte_1902.jpg
iv https://de.wikipedia.org/wiki/Mensur_(Studentenverbindung)#/media/
    Datei:Mensurbild_-_G%C3%B6ttingen_-_Holzminda_und_Frisia_-
    _1888-1889.jpg
v   https://de.wikipedia.org/wiki/Wilhelminismus#/media/
    Datei:Berlin,_1897,_Einweihung_Kaiser-Wilhelm-
    Nationaldenkmal,_Foto_von_Waldemar_Titzenthaler.jpg
vi https://de.wikipedia.org/wiki/Mensur_(Studentenverbindung)#/media/
    Datei:Heidelberger_Fechtmeister.jpg
vii https://de.wikipedia.org/wiki/Mensur_(Studentenverbindung)#/media/
    Datei:M%C3%BChlberg_-_Der_Herr_Paukant.jpg